少年读经典史籍

少年读资治通鉴

李 楠 主编

民主与建设出版社
·北京·

图书在版编目（CIP）数据

少年读资治通鉴 / 李楠主编 . -- 北京：民主与建
设出版社，2020.7

（少年读经典史籍；2）

ISBN 978-7-5139-3072-7

Ⅰ . ①少⋯ Ⅱ . ①李⋯ Ⅲ . ①中国历史—古代史—编
年体②《资治通鉴》—少年读物 Ⅳ . ① K204.3-49

中国版本图书馆 CIP 数据核字（2020）第 102516 号

少年读资治通鉴

SHAONIAN DU ZIZHI TONGJIAN

主　　编	李　楠
责任编辑	刘树民
总 策 划	李建华
封面设计	黄　辉
出版发行	民主与建设出版社有限责任公司
电　　话	（010）59417747　59419778
社　　址	北京市海淀区西三环中路 10 号望海楼 E 座 7 层
邮　　编	100142
印　　刷	三河市燕春印务有限公司
版　　次	2020 年 8 月第 1 版
印　　次	2020 年 8 月第 1 次印刷
开　　本	850mm×1168mm　1/32
印　　张	5 印张
字　　数	128 千字
书　　号	ISBN 978-7-5139-3072-7
定　　价	198.00 元（全六册）

注：如有印、装质量问题，请与出版社联系。

《资治通鉴》是宋代史学家司马光和助手刘恕、刘攽、范祖禹、司马康等人历时 19 年编纂而成的史学巨著，是我国第一部编年体通史，规模空前。全书共 294 卷，约 300 多万字。其所记载的历史断限，上起周威烈王二十三年（公元前 403 年），下迄后周显德六年（959 年），涵盖了 1362 年的历史。

《资治通鉴》主编司马光（1019～1086 年），字君实，陕州夏县涑水乡（今属山西）人。

《资治通鉴》在材料的分配上并不均匀，其中战国到三国共 646 年，78 卷；晋到隋历时 353 年，106 卷；唐五代 343 年，110 卷，这主要受制于史料的详略。三国以前史料的主要来源是"前四史"，并没有新的材料，因此内容极其简略。西晋到隋这一时期在编写时无疑参考了新的史料，但由于历史的原因，现在已无法分辨信史。而唐五代部分则运用了大量新史料，内容所占的比重也最大，是书中最具价值的部分。

北宋时期，天下承平日久，文化发展迅速，私人藏书大量增加，很多失传的史书比如唐代的国史、实录、时政记等都重现于世，因此司马光在编撰这一部分史书的时候，对于其时种种野史、官史、谱录、墓志、行状、碑碣材料无不毕览，书中所引用的材料达 200 余种。

在《资治通鉴》的具体内容上，以周威烈王二十三年（公元前403年）为开端，这一年周王正式承认三家分晋，因为史书的目的即在于"史鉴"，司马光于此作了第一篇议论——"臣光曰"；下迄后周世宗显德六年（959年），不及当代史。纪年的体例上，凡是一年有几个年号的，《资治通鉴》一律用最后一个。分裂时期，三国用魏、晋的年号，南北朝则用南朝。

和《史记》有所不同，司马迁的目标是"究天人之际，通古今之变，成一家之言"，重视天人关系和朝代更替的规律；而司马光写《资治通鉴》的目的则更加现实，他是要"鉴前世之兴衰，考当今之得失"。因此在选材上，能够为统治者提供借鉴作用的政治史就毫无疑问地占据了最重要的位置。《资治通鉴》极其重视政治，对于政治清明和黑暗时期都用功很深，也重视战争。举凡权力更迭、施政得失、制度沿替、人才进退都有详尽深入的记载，这些内容也是《资治通鉴》一书的精华所在，记述中尤其表现出编年史的优点。比起纪传体的一事互见于不同传记，《资治通鉴》在记述一件事、一项制度的时候，可以更清晰地表现出全貌和发展变化的过程。

本书限于篇幅，只选取《资治通鉴》记载的9项事件，而且因为其书自身的特点，选材上也倾向于政治方面，加以整理，稍作概括，希望读者通过这个选本能略微体会到《资治通鉴》精华的万一。选择上挂一漏万，在所难免；自然，领略其书精髓最好的方法就是翻开《资治通鉴》，从第一页开始，读下去。

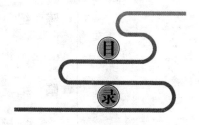

秦 纪

荆轲刺秦

燕太子丹怨王^①，欲报之，以问其傅鞠武^②。鞠武请西约三晋，南连齐、楚，北媾匈奴以图秦^③。太子曰："太傅之计，旷日弥久，令人心惛然^④，恐不能须也^⑤。"顷之，将军樊於期得罪^⑥，亡之燕；太子受而舍之。鞠武谏曰："夫以秦王之暴而积怒于燕，足为寒心，又况闻樊将军之所在乎！是谓委肉当饿虎之蹊也^⑦。愿太子疾遣樊

▲ 秦始皇

将军入匈奴！"太子曰："樊将军穷困于天下，归身于丹，是固丹命卒之时也，愿更虑之！"鞠武曰："夫行危以求安，造祸以为福，计浅而怨深，乃连结一人之后交，不顾国家之大害，所谓资怨而助祸矣^⑧。"太子不听。

注释

①太子丹：燕王喜的太子。曾被送到秦国当人质，因为受到冷遇，逃回燕国。荆轲行刺秦王失败后，秦国发兵攻燕，太子丹率部退保辽东，被燕王喜斩首，奉献秦国。

②鞠武：燕国太子丹的老师，曾跟随太子丹到赵国都城邯郸做人质。

③媾：求和。

④愖然：神智不清。

⑤须：等待。

⑥樊於期：秦国将领，由于反对秦王获罪逃亡入燕。

⑦蹊：小路，路。

⑧资：帮助。

译文

始皇帝十九年（公元前 228 年），燕太子丹怨恨秦王嬴政，想要报复，于是就向太傅鞠武求教。鞠武提出燕国和西面的三晋以及南面的齐、楚联合，同时和北方的匈奴结好，来共同对付秦国。太子丹说："太傅的计策，旷日持久，恐怕我们等不及。"不久，秦国将军樊於期得罪了秦王逃到燕国，太子丹收留了他，还提供地方安顿他。鞠武劝谏说："以秦王的残暴和他对燕国的积怨，已经够让人害怕的了，要是他再听说我们接纳樊将军的事，岂不是像人家说的，把肉丢在饿虎出没的小路上。请太子快将樊将军打发到匈奴去。"太子丹说："樊将军走投无路，投奔到我这里，这正是我舍弃生命也要保全他的时候，请您再考虑一下。"鞫武说："做危险之事来企求平安，制造祸端以期得到福祉，用简单浅陋的方法去解决怨恨，这些都是为结交一个人而不顾国家安危的做法，只能让怨恨加深，加速祸事来临而已！"太子丹听不进去。

原文

太子闻卫人荆轲之贤①，卑辞厚礼而请见之。谓轲曰："今秦已虏韩王，又举兵南伐楚，北临赵；赵不能支秦，则祸必至于燕。燕小弱，数困于兵，何足以当秦？诸侯服秦，莫敢合从②。丹之私计愚，以为诚得天下之勇士使于秦，劫秦王，使悉反诸侯侵地，若曹沫之与齐桓公③，则大善矣；则不可，因而刺杀之。彼大将擅兵于外而内有乱，则君臣相疑，以其间，诸侯得合从，其破秦必矣。唯荆卿留意焉！"荆轲许之。于是舍荆卿于上舍，太子日造门下④，所以奉养荆轲，无所不至。及王翦灭赵，太子闻之惧，欲遣荆轲行。荆轲曰："今行而无信，则秦未可亲也。诚得樊将军首与燕督亢之地图⑤，奉献秦王，秦王必说见臣⑥，臣乃有以报。"太子曰："樊将军穷困来归丹，丹不忍也！"荆轲乃私见樊於期曰："秦之遇将军，可谓深矣，父母宗族皆为戮没！今闻购将军首，金千斤，邑万家，将奈何？"於期太息流涕曰："计将安出？"荆卿曰："愿得将军之首以献秦王，秦王必喜而见臣，臣左手把其袖，右手揕其胸⑦，则将军之仇报而燕见陵之愧除矣！"樊於期曰："此臣之日夜切齿腐心也！"遂自刎⑧。太子闻之，奔往伏哭，然已无奈何，遂以函盛其首⑨。太子豫求天下之利匕首，使工以药焠之⑩，以试人，血濡缕⑪，人无不立死者。乃装为遣荆轲，以燕勇士秦舞阳为之副，使入秦。

注释

①荆轲：战国末期卫人，好读书击剑，卫人称为"庆卿"。后到燕国，被当地人称为荆卿。由燕国田光推荐给太子丹，拜为上卿。公元前227年，荆轲带燕督亢地图和樊於期首级，前往秦国进献。秦王大喜，在咸阳宫隆重召见。献图时，图穷匕首现，刺秦王不中，被杀。

②合从：即"合纵"，泛指联合。

③曹沫之与齐桓公：曹沫，鲁国人。齐桓公和鲁会盟，曹沫劫持齐桓公，逼迫他答应尽数归还侵夺鲁国的土地。

④造：到。

⑤督亢：今河北涿州东南有督亢陂，其附近定兴、新城、固安诸县一带即战国燕督亢，是燕国的膏腴之地。

⑥说：同"悦"。

⑦揕：刺。

⑧自刭：割颈自杀。

⑨函：匣子。这里作动词用，指用盒子装上。

⑩淬：浸染。

⑪濡缕：沾湿一缕。形容沾湿范围极小，引申指力量微弱。

译文

太子丹听说卫人荆轲的贤名，于是带了很多礼物，态度谦恭地去拜访。太子丹对荆轲说："现在秦国已俘虏了韩王，又举兵南伐楚、北伐赵。赵国无力抵抗秦兵，一旦赵国被灭，则燕国的亡国之祸也就不远了。燕国弱小，屡屡受到战争的骚扰，怎么能抵抗秦国的进攻呢？各国诸侯都被秦国的强大震慑，不敢以合纵之计对敌。我有一条计策，只要找到天下的勇士出使秦国，劫持秦王，逼迫他交还诸侯的土地，就像以前曹沫对待齐桓公的方法，如果能圆满完成就再好不过了；万一不成功，也可以借此机会刺杀秦王。一旦秦王遇刺，出征在外的大将听说国内出事，必定使得秦国君臣彼此猜疑，趁此机会，诸侯得以行合纵之计，那时秦国必定为六国所破。这件事希望荆卿能认真考虑一下！"荆轲答应了太子丹。于是太子丹将荆轲安顿在上舍，每天上门拜望，奉养荆轲无微不至。等到秦国将军王翦灭赵的消息传来，太子丹害怕了，想立刻派荆轲去秦国。荆轲说："现在我们没有可以取信于秦国的办法，即使去了也很难接近秦王。如果有樊将军的首级和燕督亢的地图献给秦王，秦王必定高兴地召见臣，臣才可以依计行事。"太子丹说："樊将军走投无路来投靠我，我不忍心这么做啊！"于是荆轲单独去见樊於期说："秦国对待将军真可谓残忍啊，父母宗族都被诛杀！如今还以金千斤、邑万家悬赏将军首级，将军有何打算？"樊於期叹息流泪说："你有什么办法呢？"荆卿说："我希望得到将军首级进献秦王，秦王必定欢喜地召见我，我左手抓住他的袖子，右手直刺他的胸膛，那时候，将军大仇得报而燕国被欺侮的耻辱也可以消除了！"樊於期说："你说的也正是我日夜刻骨铭心想着的事啊！"于是自刎。太子丹听说了赶去哭祭，但已经没有别的办法了，只得用盒子将樊於期的首级盛放起来。太子事先找到了天下最锋利的匕首，派工匠以药焠炼，用人来试验，见血封喉，没有不立刻毙命的。于是准备好一切派遣荆轲，又以燕国勇士秦舞阳为荆轲的副手，让他们出发到秦国去。

原 文

荆轲至咸阳①，因王宠臣蒙嘉卑辞以求见。王大喜，朝服，设九宾而见之②。荆轲奉图以进于王，图穷而匕首见③，因把王袖而揕之；未至身，王惊起，袖绝。荆轲逐王，王环柱而走。群臣皆愕，卒起不意④，尽失其度。而秦法，群臣侍殿上者不得操尺寸之兵⑤，左右以手共搏之，且曰："王负剑⑥！"王遂拔以击荆轲，断其左股⑦。荆轲废，乃引匕首擿王⑧，中铜柱。自知事不就，骂曰："事所以不成者，以欲生劫之，必得约契以报太子也！"遂体解荆轲以徇⑨。王于是大怒，益发兵诣赵，就王翦以伐燕⑩，与燕师、代师战于易水之西，大破之。

注 释

①咸阳：秦国都城，今陕西咸阳。

②九宾：为古代宾礼中最隆重的礼仪，主要有九个迎宾赞礼的官员延迎上殿。

③图穷而匕首见：地图打开到最后，里面藏着的匕首露了出来。图，地图。穷，尽。见，同"现"。

④卒：同"猝"。

⑤兵：武器。

⑥负：背。

⑦股：腿。

⑧摐：投掷。

⑨徇：示众。

⑩王翦：秦著名将领，在秦始皇统一六国的战争中立有大功。荆轲事件之后，秦王派王翦攻打燕国，在易水西击破燕军主力，逼迫燕王逃到辽东，平定了燕蓟。

译文

始皇帝二十年（公元前227年），荆轲到了咸阳，通过秦王宠臣蒙嘉态度谦卑地请求谒见。秦王听说了他们带来的礼物大喜，身穿朝服，在朝廷上设九宾之礼召见。荆轲捧着地图进献秦王，图穷而匕首现，他抓住秦王的衣袖，以匕首行刺；没有刺中，秦王惊起，袖子挣断。荆轲追上去，秦王绕着柱子跑。群臣一时都惊呆了，因事情发生得突然，出乎意料，大家尽失常态。而秦法规定，殿上群臣不得携带武器，于是左右只能上前徒手和荆轲搏击，有人叫道："大王背上的剑！"于是秦王拔出背后的剑斩断了荆轲的左腿。荆轲无法再继续追击，就把匕首投向秦王，却击中了铜柱。荆轲自知行刺不成，大骂道："之所以没有成功，是因为想活捉秦王，逼他许下有利于燕国的约定，来回报太子！"于是秦人将荆轲分尸示众。秦王大怒，增加兵力到赵国，命令王翦攻打燕国，在易水之西大破燕、代的军队。

▲ 荆轲刺秦

汉 纪

楚汉相争

原 文

汉王谓陈平曰①："天下纷纷，何时定乎？"陈平曰："项王骨鲠之臣②，亚父、钟离眛、龙且、周殷之属③，不过数人耳。大王诚能捐数万斤金④，行反间⑤，间其君臣，以疑其心；项王为人，意忌信谗，必内相诛，汉因举兵而攻之，破楚必矣。"汉王曰："善！"乃出黄金四万斤与平，恣所为⑥，不问其出入。平多以金纵反间于楚军，宣言："诸将钟离眛等为项王将，功多矣，然而终不得裂地而王，欲与汉为一，以灭项氏而分王其地。"项王果意不信钟离眛等。

注 释

①陈平：刘邦谋臣。足智多谋，锐意进取，屡以奇计辅佐刘邦定天下，汉初被封为曲逆侯。汉文帝时，曾升为右丞相，后改任左丞相。

②骨鲠之臣：忠直敢于直言进谏的属下。

③亚父：即范增，项羽的主要谋士，被尊称为"亚父"。钟离

昧：楚王项羽的大将。龙且、周殷：均为项羽的大将。

④捐：舍弃。

⑤间：离间。

⑥恣：放纵，没有拘束。

译文

　　汉太祖高皇帝三年（公元前204年），汉王对陈平说："纷乱的天下什么时候才能太平呢？"陈平说："项王身边正直忠心的臣子不过是亚父、钟离昧、龙且、周殷这些人，只几个人而已。大王如果能拿出数万斤黄金，行反间计，就能离间他们君臣关系，让他们互生疑心。

▲刘　邦

项王的为人，易于猜忌，偏听偏信，君臣之间起了疑心，必定内部互相残杀。我们借机举兵进攻，一定能够打败项王。"汉王说："好！"拿出黄金四万斤交给陈平，任由他自己掌握，不再过问支出。陈平花了大量黄金在楚军中施行反间，传播谣言："钟离昧将军他们跟着项王立了那么多功劳，然而总是不能裂土封王，现在要跟汉联合，消灭项氏取得土地称王。"流言传布，项王果真开始怀疑钟离昧等人了。

原文

　　夏，四月，楚围汉王于荥阳①，急；汉王请和，割荥阳以西者为汉。亚父劝羽急攻荥阳，汉王患之②。项羽使使至汉，陈平使为大牢具③。举进，见楚使，即佯惊曰："吾以为亚父使，乃项王使！"复持去，更以恶草具进楚使④。楚使归，具以报项王，项王果大疑亚父。亚父欲急攻下荥阳城，项王不信，不肯听。亚父闻项王疑之，乃怒曰："天下事大定矣，君王自为之，愿请骸骨⑤！"归，未至彭城⑥，疽发背而死⑦。

注释

①荥阳：今河南荥阳西。

②患：担心，担忧。

③大牢具：即太牢具。盛牲的食具叫牢，大的叫太牢，太牢盛牛、羊、豕三牲，因此宴会或祭祀时并用三牲也称为太牢。这里指丰盛的酒食款待。

④恶草具：粗糙简陋的待客食具。

⑤请骸骨：请求退休。

⑥彭城：今江苏徐州。

⑦疽：指毒疮。

译文

高帝二年（公元前204年）高帝二年夏四月，汉王在荥阳陷入了楚的包围，情形危急；汉王求和，准备仅保留荥阳以西为汉地。亚父范增劝项羽急攻荥阳，汉王十分担心。项羽派使者到汉地来，陈平准备了丰盛的酒食款待来宾，一见楚使就假装吃惊地说："我还以为是亚父的使者，原来是项王派来的！"让人把东西端走，重新准备了比较粗陋草率的酒食进奉楚使。楚使回去后如实禀报给项王，项王果然对亚父起了很重的疑心。亚父急着要攻下荥阳城，项王不相信他，不肯听他的意见。亚父发现了项王对自己的怀疑，怒道："天下大局已定，君王好自为之，请让老臣告老还乡吧。"他在前往彭城的中途，背上的毒疮发作而死。

原 文

五月，将军纪信言于汉王曰①："事急矣！臣请诳楚②，王可以间出。"于是陈平夜出女子东门二千余人，楚因四面击之。纪信乃乘王车，黄屋，左纛③，曰："食尽，汉王降。"楚皆呼万岁，之城东观。以故汉王得与数十骑出西门遁去，令韩王信与周苛、魏豹、枞公守荥阳。羽见纪信，问："汉王安在？"曰："已出去矣。"羽烧杀信。

注 释

①纪信：刘邦手下将领，在"楚汉之争"中保护刘邦有功。

②诳：欺骗。

③纛：古时军队或仪仗队的大旗。

译 文

五月，将军纪信对汉王说："局势紧急！请让臣用计策引开楚军，汉王可以趁机离开。"于是陈平在夜里将二千余女子放出东门，引来楚军四面围击她们。纪信乘上汉王的车，车上张黄盖，左边竖立着汉王的旗帜，叫道："食尽粮绝，汉王降楚。"楚人高呼万岁，都聚集到城东来围观。汉王则趁此机会带了数十骑出西门逃走，令韩王信与周苛、魏豹、枞公守荥阳。项羽见到是纪信，问："汉王在哪里？"纪信回答道："已经离开了。"项羽烧死了纪信。

原文

项羽自知少助，食尽，韩信又进兵击楚[1]，羽患之。汉遣侯公说羽请太公[2]。羽乃与汉约，中分天下，割洪沟以西为汉[3]，以东为楚。九月，楚归太公、吕后，引兵解而东归。汉王欲西归，张良、陈平说曰："汉有天下太半，而诸侯皆附；楚兵疲食尽，此天亡之时也。今释弗击[4]，此所谓养虎自遗患也[5]。"汉王从之。

注释

①韩信：刘邦大将，汉初著名军事家。

②太公：汉王刘邦的父亲。

③洪沟：即鸿沟。古代最早沟通黄河和淮河的人工运河。西汉时期又称狼汤渠。

④释：放弃。

⑤养虎自遗患：留着老虎不除掉，就会成为后患。比喻纵容坏人坏事，留下后患。

译文

高帝四年（公元前203年）八月，项羽自知身边缺少帮手，粮草即将用尽，韩信又进兵击楚，心中非常忧虑。汉王派了侯公来劝说项羽放回刘太公。于是项羽和汉王约定平分天下，以鸿沟为界，以西归汉，以东归楚。九月，项羽放还了太公和吕后，带兵解了荥阳之围而东归。汉王也打算西归关中，张良、陈平劝阻说："汉已拥有大半天下，各地诸侯也都前来归附；而楚兵已疲惫不堪，粮草将尽，这是上天赐予的灭楚的最好时机。如果就此放过楚人，这就是所谓的养虎遗患。"汉王听从了他们的意见。

原　文

冬，十月，汉王追项羽至固陵①，与齐王信、魏相国越期会击楚②。信、越不至，楚击汉军，大破之。汉王复坚壁自守，谓张良曰："诸侯不从，奈何？"对曰："楚兵且破③，二人未有分地，其不至固宜。君王能与共天下，可立致也④。齐王信之立，非君王意，信亦不自坚；彭越本定梁地，始，君王以魏豹故拜越为相国⑤，今豹死，越亦望王，而君王不早定。今能取睢阳以北至穀城皆以王彭越⑥，从陈以东傅海与齐王信⑦。信家在楚，其意欲复得故邑。能出捐此地以许两人，使各自为战，则楚易破也。"汉王从之，于是韩信、彭越皆引兵来。

注　释

①固陵：古地名，今河南淮阳西北。

②齐王信：即韩信，时为齐王。魏相国越：即彭越，汉初著名将领。拜魏相国，又被封为梁王。

③且：将要，快要。

④致：招引，引来。

⑤魏豹：六国时魏国的公子。

⑥睢阳：今河南商丘南。穀城：今山东东阿。

⑦陈：陈州，相当于今河南周口地区。

少年读资治通鉴

译文

高帝五年（公元前 202 年）十月，汉王追击项羽到固陵，和齐王韩信、魏相国彭越约好共同出击楚国。可是韩信、彭越二人失期不至，楚大败汉军。汉王只好重新坚壁自守，对张良说："韩信、彭越这些手下不听我的，我该怎么办？"张良说："楚兵就快要败了，而韩信、彭越二人未有明确分封到土地，所以他们不来也是很正常的事。如果您能和他们共享天下，他们立刻就会来。齐王韩信的封爵并非汉王的意思，他自己也觉得不安心；彭越平定了梁地，原来您因为魏豹是魏王的缘故所以拜彭越为相国，现在魏豹死了，彭越也在等着您能封他为王，您却没有早些决定。现在您可以把睢阳以北至穀城的土地都封给彭越，把从陈以东沿海一带都封给韩信。韩信的家在楚地，他想要的封地包括他的故乡。假如您答应分割这些土地给他们二人，让他们各自为战，则打败楚军轻而易举。"汉王听从了他的意见，于是韩信、彭越都带了军队来会合。

原文

十二月，项王至垓下①，兵少，食尽，与汉战不胜，入壁，汉军及诸侯兵围之数重。项王夜闻汉军四面皆楚歌，乃大惊曰："汉皆已得楚乎？是何楚人之多也！"则夜起，饮帐中，悲歌慷慨，泣数行下；左右皆泣，莫能仰视。于是项王乘其骏马名骓②，麾下壮士骑从者八百余人③，直夜，溃围南出驰走。平明④，汉军乃觉之，令骑将灌婴以五千骑追之⑤。项王渡淮，骑能属者才百余人⑥。至阴陵⑦，迷失道，问一田父，田父绐曰"左"。左，乃陷大泽中，以故汉追及之。

14

注 释

①垓下：古地名，在今安徽灵璧东南。

②骓：毛色苍白相杂的马。

③麾下：指将帅的部下。

④平明：天刚亮的时候。

⑤灌婴：汉初名将。

⑥属：连接，跟着。

⑦阴陵：春秋楚邑。为项羽兵败后迷失道处，汉时置县。故城在今安徽定远西北。

译 文

　　十二月，项王撤兵至垓下，兵少食尽，与汉军作战不顺利，退守营垒，陷入了汉军和诸侯兵的重重包围之中。项王夜里听见汉军阵营中到处传唱楚歌，大惊问道："汉军已得到所有的楚地么？怎么有这么多的楚人？"项羽半夜在帐中饮酒，慷慨悲歌，流下数行眼泪；身边的人也都流泪哭泣，不敢抬头看他。于是项王乘上乌骓马，带领八百余壮士骑从，趁夜深突破重围向南快马奔驰。天亮时分，汉军才发觉，骑将灌婴带了五千骑兵追击。项王渡过淮河的时候，跟随他的只有百余骑兵了。到阴陵时迷了路，向一农夫询问，农夫骗他们说"向左"。他们向左走，结果陷入大泽中，因此被汉军追上来。

原 文

　　项王乃复引兵而东，至东城①，乃有二十八骑，汉骑追者数千人。项王自度不得脱，谓其骑曰："吾起兵至今，八岁矣；身七十余战，未尝败北，遂霸有天下。然今卒困于此，此天之亡我，非战之罪也。今日固决死，愿为诸君快战，必溃围、斩将、刈旗②，三胜之，令诸君知天亡我，非战之罪也。"乃分其骑以为四队，四乡。汉军围之数重。项王谓其骑曰："吾为公取彼一将。"令四面骑驰下，期山东为三处。于是项王大呼驰下，汉军皆披靡③，遂斩汉一将。是时，赤泉侯④为骑将正项王，项王瞋目而叱之⑤，赤泉侯人马俱惊，辟易数里⑥。项王与其骑会为三处，汉军不知项王所在，乃分军为三，复围之。项王乃驰，复斩汉一都尉⑦，杀数十百人。复聚其骑，亡其两骑耳。乃谓其骑曰："何如？"骑皆伏曰："如大王言！"

注释

①东城：今安徽定远东南。

②刈旗：砍断敌旗。刈，砍断。

③披靡：草木随风倒伏，比喻军队溃败。

④赤泉侯：即杨喜，汉初猛将。

⑤瞋目：睁大眼睛。叱：大声责骂。

⑥辟易：惊慌地退避，避开。

⑦都尉：武官名。始置于战国，位略低于将军。秦时设郡，掌郡内军事。西汉时为郡守之辅佐，掌全郡军事。

译文

项王又率兵向东，到东城时只剩下二十八骑，而汉军的追兵有数千人。项王估计不可能脱身，对属下骑兵说："我起兵至今八年，身经七十余战，从未失败过，这才霸有天下。但是如今终究被困于此，这是天要亡我，不是我仗打得不好。今日自然要决一死战，愿为大家痛痛快快地打一场仗，必要突出重围、斩杀敌将、拔取敌旗，要打赢对手，让大家知道是天要亡我，而不是我指挥作战有什么过错。"于是分二十八骑为四队，向四个方向冲杀。汉军围了几层。项王对属下说："我为各位斩对方一将。"他命令骑兵们向四面骑驰而下，约定在山的东面分三处集合。于是项王和属下骑兵大呼驰下，汉军溃散，项王斩了一员汉将。当时赤泉侯杨喜追项王，项王瞪大眼睛怒喝，杨喜人马俱惊，向后奔逃数里。项王和属下分为三处，汉军不知项王在哪里，于是也分军为三，又将楚军包围起来。项王继续奔驰冲杀，又斩杀一名汉军都尉，杀死汉军数百人。他召集属下人马，发现只损失了两骑。项王问道："怎么样？"属下都佩服地说："正如大王所说。"

原 文

　　于是项王欲东渡乌江①，乌江亭长舣船待②，谓项王曰："江东虽小，地方千里，众数十万人，亦足王也。愿大王急渡！今独臣有船，汉军至，无以渡。"项王笑曰："天之亡我，我何渡为！且籍与江东子弟八千人渡江而西，今无一人还；纵江东父兄怜而王我，我何面目见之！纵彼不言，籍独不愧于心乎！"乃以所乘骓马赐亭长，令骑皆下马步行，持短兵接战。独籍所杀汉军数百人，身亦被十余创。顾见汉骑司马吕马童③，曰："若非吾故人乎？"马童面之，指示中郎骑王翳曰④："此项王也！"项王乃曰："吾闻汉购我头千金，邑万户，吾为若德⑤。"乃刎而死。王翳取其头，余骑相蹂践争项王⑥，相杀者数十人。最其后，杨喜、吕马童及郎中吕胜、杨武各得其一体。五人共会其体，皆是。故分其户，封五人皆为列侯⑦。

注释

①乌江：在安徽和县境内。

②亭长：秦汉时每十里为一亭，设亭长一人，掌治安、诉讼等事。舣船：使船靠岸。

③骑司马：项羽自立建立郡国后采用的新的军事官职。

④中郎骑：骑兵禁卫官。

⑤德：情义，恩惠。

⑥蹂践：踩踏。

⑦列侯：爵位名。秦制爵分二十级，彻侯位最高。汉承秦制，为避汉武帝刘彻讳，改彻侯为通侯，或称列侯。

译文

这时项王想要东渡乌江，乌江亭长停船靠岸等着他，对项王说："江东虽小，方圆千里，百姓数十万，也足以让您称王了。请大王立刻渡江！这里只有臣有船，汉军即使追到，也无法过江。"项王笑着说："上天要亡我，我还渡江干什么！而且项籍当年带了八千江东子弟渡江西征，如今没有一人回去；纵使江东父兄怜惜我而仍然视我为王，可我又有何面目去见他们！即使他们不怪我，难道我就不会有愧于心？"把所乘乌骓马赐予亭长，下令骑兵都下马步行，持短兵器迎战。仅项王一人就杀了数百汉军，身上也负伤十余处。项王回头忽然看见汉骑司马吕马童,说:"你不是故人么?"吕马童看到了,用手指着项羽对中郎骑王翳说:"这是项王!"项王说:"我听说汉王以千金、邑万户悬赏我的头颅,我就把这件好处留给故人吧。"于是自刎而死。王翳取其头,别的骑兵互相践踏争抢项王,有数十人在争斗中被杀。最后,杨喜、吕马童及郎中吕胜、杨武各得到项王的一件肢体。五人将肢体拼凑起来,证实是项羽。所以刘邦在封赏时,将悬赏的邑万户分为五份,五人都被封为列侯。

魏 纪

司马懿诛曹爽

原 文

太子即位,年八岁;大赦。尊皇后曰皇太后,加曹爽、司马懿侍中,假节钺①,都督中外诸军、录尚书事。诸所兴作宫室之役,皆以遗诏罢之。

注 释

①节钺:符节和斧钺。古代授予将帅,作为加重权力的标志。

译 文

景初三年(239年),魏明帝曹叡去世,齐王曹芳即位,年仅八岁;大赦天下。尊皇后为皇太后,加曹爽、司马懿为侍中,假节钺,都督中外诸军、总领尚书事。之前明帝时期正在建造的宫室,都因遗诏停止。

原 文

爽、懿各领兵三千人更宿殿内①,爽以懿年位素高,常父事之,每事咨访，不敢专行。

①更：轮流。

曹爽、司马懿各领兵三千轮流在宫殿内值班，曹爽因为司马懿年纪和地位都比自己高，所以像对待长辈那样对待他，每每碰到事情都向他咨询请教，不敢独断专行。

初，并州刺史东平毕轨及邓飏、李胜、何晏、丁谧皆有才名而急于富贵①，趋时附势，明帝恶其浮华，皆抑而不用。曹爽素与亲善，及辅政，骤加引擢，以为腹心。晏，进之孙；谧，斐之子也。晏等咸共推戴爽，以为重权不可委之于人。丁谧为爽画策，使爽白天子发诏，转司马懿为太傅，外以名号尊之，内欲令尚书奏事，先来由己，得制其轻重也。爽从

▲ 司马懿

之。二月，丁丑，以司马懿为太傅，以爽弟羲为中领军②，训为武卫将军③，彦为散骑常侍、侍讲④，其余诸弟皆以列侯侍从，出入禁闼，贵宠莫盛焉。

注 释

①东平：地名，在今山东省。

②中领军：官名，汉末曹操置。品级较领军将军稍低。

③武卫将军：官名，三国魏置，掌管中军宿卫禁兵。

④散骑常侍：官名，三国魏置，由汉代散骑和中常侍合并而成，在皇帝左右规谏过失，以备顾问。

译 文

当初并州刺史东平人毕轨和邓飏、李胜、何晏、丁谧都是有才名而急于求富贵的人，趋炎附势，明帝厌恶这种浮华的作风，因此压制他们不加重用。曹爽向来和他们亲厚，等到辅政，骤然提拔他们，视之为心腹。何晏是何进的孙子，丁谧为丁斐的儿子。何晏等人共同推戴曹爽，认为大权不可交托给别人。丁谧为曹爽谋划，让曹爽禀告天子下诏，将司马懿转任太傅，对外以名号尊崇他，却没有实际的权力，尚书奏事则要先通过自己，以此控制大权。曹爽接受了提议。二月丁丑，任命司马懿为太傅，任命曹爽弟弟曹羲为中领军，曹训为武卫将军，曹彦为散骑常侍、侍讲，其余诸弟都成为列侯担任皇帝侍从，出入宫禁，贵宠无比。

原 文

爽事太傅，礼貌虽存，而诸所兴造，希复由之①。爽徙吏部尚书卢毓为仆射②，而以何晏代之，以邓飏、丁谧为尚书，毕轨为司隶校尉。晏等依势用事，附会者升进，违忤者罢退。内外望风，莫敢忤旨③。

注释

①希复由之：很少再通过他（司马懿）。

②仆射：官名，汉成帝置尚书五人，一人为仆射，地位仅次于尚书令。

③忤旨：违抗意旨。

译文

曹爽对待太傅的态度，仅保存着表面的礼貌，真正要进行的事务很少再跟司马懿商量了。曹爽将吏部尚书卢毓调任仆射，让何晏取代这个职位，任命邓飏、丁谧为尚书，毕轨为司隶校尉。何晏等人仗着势力处理事务，依附他们的就加以升迁，违逆他们的则加以罢免。内外官员看到这种情形，没有敢违抗他们意旨的。

原文

大将军爽用何晏、邓飏、丁谧之谋，迁太后于永宁宫；专擅朝政，多树亲党，屡改制度。太傅懿不能禁，与爽有隙。五月，懿始称疾，不与政事。

译文

正始八年（247 年），大将军曹爽用何晏、邓飏、丁谧的计策，将太后迁居到永宁宫；独自把持朝政，树立亲信党羽，屡次更改制度。太傅司马懿不能阻止，与曹爽之间开始有了嫌隙。五月，司马懿开始称病，不参与政事。

原文

　　大将军爽，骄奢无度，伙食衣服，拟于乘舆①；尚方珍玩②，充牣其家③；又私取先帝才人以为伎乐；作窟室④，绮疏四周⑤，数与其党何晏等纵酒其中。弟羲深以为忧，数涕泣谏止之，爽不听。爽兄弟数俱出游，司农沛国桓范谓曰⑥："总万机，典禁兵，不宜并出。若有闭城门，谁复内人者？"爽曰："谁敢尔邪！"

注释

　　①乘舆：代指皇帝。

　　②尚方：皇室库房。

　　③牣：丰足。

　　④窟室：地下室。

　　⑤绮疏：雕饰花纹的窗户。

　　⑥司农：官名，掌租税钱谷盐铁和国家的财政收支，为九卿之一。沛国：今江苏沛县。桓范：曹爽的"智囊"。司马懿起兵讨曹爽时，桓范劝曹爽挟持魏帝到许昌，曹爽不听。后曹爽被司马懿所杀，桓范也被杀。

译文

　　大将军曹爽骄奢无度，饮食衣服都和皇帝类似；家中充斥着宫廷才有的珍玩，又私自将明帝的才人当作歌舞伎乐；营造地下室，四壁装满雕饰花纹的窗户；经常和何晏等人在此纵饮。其弟曹羲非常担忧，屡屡流泪劝谏，曹爽不听。曹爽兄弟屡次一起出游，大司农沛人桓范对他说："你们兄弟总揽大权，掌管禁兵，不宜一起出城。万一有人关闭城门，你们谁又能进城呢？"曹爽说："谁敢做这种事！"

原 文

　　初，清河、平原争界①，八年不能决。冀州刺史孙礼请天府所藏烈祖封平原时图以决之②。爽信清河之诉，云图不可用，礼上疏自辨，辞颇刚切。爽大怒，劾礼怨望，结刑五岁。久之，复为并州刺史，往见太傅懿，有忿色而无言。懿曰："卿得并州少邪？恚理分界失分乎？"礼曰："何明公言之乖也③！礼虽不德，岂以官位往事为意邪？本谓明公齐踪伊、吕④，匡辅魏室，上报明帝之托，下建万世之勋。今社稷将危，天下凶凶⑤，此礼之所以不悦也！"因涕泣横流。懿曰："且止，忍不可忍！"

注 释

　　①清河：今河北清河。平原：今山东平原。

　　②天府：朝廷藏物之府库为天府。烈祖封平原时图：即明帝曹叡封平原王时的地图。

　　③乖：不正常，古怪。

　　④齐踪伊、吕：和伊尹、吕尚（姜子牙）相比。

　　⑤凶凶：通"汹汹"，骚动不安的样子。

译 文

　　原先清河和平原两地为了地界争论不休，历时八年都不能解决。冀州刺史孙礼请求用朝廷所藏的明帝封平原王时的地图比对，来判定边界。曹爽相信了清河方面的说法，说地图已经不能用了。孙礼上疏辩解，言辞直率而激烈。曹爽大怒，弹劾孙礼心怀怨恨，判了他五年徒刑。后来孙礼又做了并州刺史，往见太傅司马懿，神情愤怒，不发一言。司马懿问："你嫌并州刺史职务低呢？还是生气处理地界的事？"孙礼说："明公怎么讲这么奇怪的话？孙礼虽然不德，难道会将官职和往事放在心上吗？我本以为明公您是伊尹、吕尚一样的人物，可以辅佐魏室，上报明帝重托，下建万世功勋。如今社稷就快要处于危难之中了，天下都骚动不安，这才是我不高兴的理由。"边说着边涕泪横流。司马懿说："先别这样，要忍耐别人忍受不了的事。"

原文

冬，河南尹李胜出为荆州刺史，过辞太傅懿。懿令两婢侍，持衣，衣落；指口言渴，婢进粥，懿不持杯而饮，粥皆流出沾胸。胜曰："众情谓明公旧风发动，何意尊体乃尔！"懿使声气才属①，说："年老枕疾，死在旦夕。君当屈并州，并州近胡，好为之备！恐不复相见，以子师、昭兄弟为托。"胜曰："当还忝本州，非并州。"懿乃错乱其辞曰："君方到并州？"胜复曰："当忝荆州。"懿曰："年老意荒，不解君言。今还为本州，盛德壮烈，好建功勋！"胜退，告爽曰："司马公尸居余气②，形神已离，不足虑矣。"他日，又向爽等垂泣曰："太傅病不可复济③，令人怆然④！"故爽等不复设备。

注释

①属：连接。

②尸居余气：形容人即将死亡。

③济：有利，有益。

④怆然：悲伤的样子。

冬季，河南尹李胜出任荆州刺史，去向太傅司马懿辞行。司马懿叫两名婢女服侍，他拿衣服，衣服掉落；指着嘴巴说口渴，婢女进粥，司马懿不拿杯子直接饮用，结果粥都流出来洒在胸口。李胜说："大家都说明公旧病发作，没想到身体已经这样了！"司马懿装作半天才缓过气来的样子说："年老病重，生死不过是早晚的事。委屈你到并州为官，那里靠近胡地，要做好防备！这一别恐怕不再相见，就把小儿司马师、司马昭兄弟托付给你了。"李胜说："我是回到本州，不是并州。"司马懿故意听错，问道："你才到并州？"李胜又说："是到荆州。"司马懿说："年老昏聩，听不明白你的话了。如今你回到家乡为官，德高壮烈，好好建立功勋。"李胜回去后，告诉曹爽说："司马公奄奄一息，身体和神魂分离，已不足为虑了。"后来有一天，他又向曹爽等垂泪道："太傅病大概不会再好了，真是令人难过。"因此曹爽等不再防范司马懿。

原 文

太傅懿阴与其子中护军师、散骑常侍昭谋诛曹爽。

春，正月，甲午，帝谒高平陵①，大将军爽与弟中领军曹羲、武卫将军曹训、散骑常侍彦皆从。太傅司马懿以皇太后名义下令，闭诸城门，勒兵据武库②，授兵出屯洛水浮桥③，召司徒高柔假节行大将军事，据爽营；太仆王观行中领军事④，据羲营。因奏爽罪恶于帝曰："臣昔从辽东还，先帝诏陛下、秦王及臣升御床，把臣臂，深以后事为念。臣言'太祖、高祖亦属臣以后事[5]，此自陛下所见，无所忧苦。万一有不如意，臣当以死奉明诏。'今大将军爽，背弃顾命，败乱国典，内则僭拟[6]，外则专权，破坏诸营，尽据禁兵，群官要职，皆置所亲，殿中宿卫，易以私人，根据盘互[7]，纵恣日甚；又以黄门张当为都监[8]，伺察至尊，离间二宫，伤害骨肉，天下汹汹，人怀危惧。陛下便为寄坐，岂得久安！此非先帝诏陛下及臣升御床之本意也。臣虽朽迈，敢忘往言！太尉臣济等皆以爽为有无君之心，兄弟不宜典兵宿卫，奏永宁宫，皇太后令敕臣如奏施行。臣辄敕主者及黄门令'罢爽、羲、训吏兵，以侯就第，不得逗留，以稽车驾；敢有稽留，便以军法从事！'臣辄力疾将兵屯洛水浮桥[9]，伺察非常。"爽得懿奏事，不通，迫窘不知所为，留车驾宿伊水南[10]，伐木为鹿角[11]，发屯田兵数千人以为卫。

注释

①高平陵：明帝曹叡之墓，在今河南洛阳东南。

②勒兵：带领军队。武库：储藏兵器军备的仓库。

③浮桥：在并列的船或筏子上铺上木板而成的桥。

④太仆：官名，秦汉九卿之一，掌舆马畜牧之事。

⑤太祖：曹操。高祖：文帝曹丕。

⑥僭拟：僭越，超出规定范围，自比皇帝。

⑦根据盘互：把持据守，互相勾结。

⑧都监：三国时称内侍官。

⑨力疾：勉强支撑病体。

⑩伊水：在今河南西部，源出栾川伏牛山北麓。

⑪伐木为鹿角：一种用带有枝杈形似鹿角的树木堆放地上以阻挡敌军前进的防御物。

太傅司马懿暗中与其子中护军司马师、散骑常侍司马昭谋划如何除掉曹爽。

嘉平元年（249年）正月，皇帝谒高平陵，大将军曹爽与弟中领军曹羲、武卫将军曹训、散骑常侍曹彦都随侍在侧。太傅司马懿以皇太后名义下令，关闭城门，带兵占领武库，派遣军队驻扎在洛水浮桥，召司徒高柔持节代理大将军的职务，占据曹爽营；太仆王观行中领军事，占据曹羲营。然后向皇帝上奏曹爽罪恶，说："臣当年从辽东回到京师，先帝诏令陛下、秦王及臣登上御床，握着臣的手臂，念念不忘身后事。臣进言说：'太祖、高祖也曾把后事托付臣，这是陛下所见过的，陛下不用担心。万一有违陛下意愿的事情发生，臣自当不惜一死完成陛下的托付。'如今大将军曹爽，背弃先帝的遗命，败坏典章制度，在内则僭越自比为君主，在外则专权擅政，扰乱军队，控制了禁军，朝廷上重要官职都安插亲信，连殿中宿卫都换了私人，亲党势力盘根错节，日益放纵；他又任用宦官张当为都监，窥视陛下动静，离间太后和陛下的感情，伤害骨肉关系，改使天下人情汹汹，人们心怀恐惧。如此局面，陛、下就像是暂时寄坐在皇位上，并非长治久安之道。这种局面也并非先帝要陛下及臣登上御床当面嘱托的本意。臣虽然老迈，也不敢忘记前言。太尉蒋济等都认为曹爽有叛逆之心，他们兄弟不宜再掌管宿卫，于是上奏永宁宫，皇太后下令让臣如奏执行。臣则吩咐主事者和黄门令'罢免曹爽、曹羲、曹训的官职，剥夺他们军权，以列侯的身份回到府邸，不得逗留，阻碍陛下车驾；要是有人敢阻碍车驾的，一律以军法从事！'臣立即率兵屯驻洛水浮桥，伺察有无异常情况。"曹爽看到了司马懿的奏章，城里的信息又不通，十分窘迫不知所措，只得安排皇帝的车驾夜宿伊水南，伐木制成鹿角以作防御，征发屯田兵数千人护卫。

原文

懿使侍中高阳、许允及尚书陈泰说爽，宜早自归罪；又使爽所信殿中校尉尹大目谓爽①，唯免官而已，以洛水为誓。

注释

①殿中校尉：武职官名。

译文

司马懿派侍中高阳、许允及尚书陈泰劝说曹爽，应当及早回来认罪；又派他信任的殿中校尉尹大目对他说，不过免官而已，可以洛水为誓。

原文

爽乃通懿奏事①，白帝下诏免己官，奉帝还宫。爽兄弟归家，懿发洛阳吏卒围守之；四角作高楼，令人在楼上察视爽兄弟举动。

爽挟弹到后园中，楼上便唱言：“故大将军东南行！”爽愁闷不知为计。

注释

①通：通传，转达。

译文

曹爽于是把司马懿的奏章转交给皇帝，请皇帝下诏罢免自己的官职，然后奉送皇帝回宫。曹爽兄弟回到家里，司马懿立即派出洛阳官吏和兵士将曹家团团围住；在宅院四角建起高楼，令人在楼上监视曹氏兄弟举动。曹爽带了弹弓到后园中，楼上便有人大声喊：“前大将军往东南去了。”曹爽愁闷得不知所措。

原文

戊戌，有司奏：“黄门张当私以所择才人与爽，疑有奸。”收当付廷尉考实①，辞云：“爽与尚书何晏、邓飏、丁谧、司隶校尉毕轨、荆州刺史李胜等阴谋反逆，须三月中发。”于是收爽、羲、训、晏、飏、谧、轨、胜并桓范皆下狱，劾以大逆不道，与张当俱夷三族②。

注释

①廷尉：官名，掌司法刑狱。考实：审讯出实情。

②夷三族：秦汉时代的刑罚。凡犯特殊重罪，尤其谋反谋叛等十恶罪名者，处以诛灭三族的极刑。三族之范围说法不一，一般认为指父、兄弟及妻子。

译文

　　戊戌这天，有司奏："宦官张当私自将所择才人送给曹爽，怀疑他们之间有勾结。"收捕张当交付廷尉审讯，张当说："曹爽与尚书何晏、邓飏、丁谧、司隶校尉毕轨、荆州刺史李胜等人阴谋造反，到三月中就会起事。"于是抓捕曹爽、曹羲、曹训、何晏、邓飏、丁谧、毕轨、李胜和桓范一起入狱，弹劾他们大逆不道，与张当都被夷灭三族。

晋纪

桓温废立

原 文

（永和二年）安西将军桓温将伐汉①，将佐皆以为不可。

朝廷以蜀道险远，温众少而深入，皆以为忧。惟刘惔以为必克，或问其故，惔曰："以博②知之。温，善博者也，不必得则不为。但恐克蜀之后，温终专制朝廷耳。"

注 释

①桓温：东晋大将。娶明帝女南康公主为妻。曾三次北伐，一度收复洛阳，但北伐最终未能成功。由于长期掌握大权，渐渐有了不臣之心。成安元年（371年），废帝司马奕为东海王，改立简文帝，以大司马专掌朝政。次年，简文帝

▲桓 温

死，桓温有代晋之心，但不久病故。汉：成汉，十六国之一。

②博：博戏，赌博。

永和二年（346年），安西将军桓温将伐成汉，将佐们都不赞成。

朝廷认为蜀道险远，桓温人少而深入，都为之担忧。只有刘惔以为必定成功，有人问他怎么知道的，刘惔说："从赌博中知道的。桓温是个善赌的人，不是志在必得就不会出手。但是就怕他克蜀之后，会渐渐控制朝廷。"

原 文

（永和四年）八月，朝廷论平蜀之功，欲以豫章郡封桓温①。尚书左丞荀蕤曰②："温若复平河、洛，将何以赏之？"乃加温征西大将军、开府仪同三司③，封临贺郡公④。

温既灭蜀，威名大振，朝廷惮之。会稽王昱以扬州刺史殷浩有盛名⑤，朝野推服，乃引为心膂⑥，与参综朝权，欲以抗温，由是与温寝相疑贰⑦。

注 释

①豫章郡：治所南昌（今江西南昌），原辖境大致同今江西省。

②尚书左丞：尚书省官员，类似于秘书长之类的官职。

③开府仪同三司：魏晋南北朝时期的一种高级官位，东晋南朝，开府仪同三司是虚号，渐不为人所重。

④临贺郡：今广西贺州东南。

⑤会稽王昱：即司马昱，初封琅邪王，后徙会稽王。司马奕为帝，进位丞相。桓温废立，迎司马昱为帝。在位二年病故，谥简文帝。会稽，在今江苏东部及浙江西部。殷浩：善玄谈，有重名。晋康帝时，会稽王司马昱征聘殷浩出山，以对抗桓温。永和九年（353 年）十月，殷浩率领七万人北征许昌、洛阳，大败，被废为庶人。

⑥心膂：心与脊骨，比喻主要的辅佐人员，或亲信得力之人。

⑦寝相疑贰：渐渐起了疑忌之心。疑贰，也作"疑二"。因猜忌而生异心。

译文

永和四年（348 年）八月，朝廷论赏平蜀的功劳，想要将豫章郡封给桓温。尚书左丞荀蕤说："如果赏了豫章郡，那么桓温若平复河、洛，还有什么可以赏的？"于是就加封桓温为征西大将军、开府仪同三司，封临贺郡公。

桓温灭蜀以后，威名大振，朝廷也很忌惮他。会稽王司马昱因为扬州刺史殷浩有盛名，朝野都很推崇他，所以将他视为心腹，参与朝政，想用他来对抗桓温，由此殷浩和桓温渐渐地开始互生猜疑。

原文

（兴宁元年）五月，加征西大将军桓温侍中、大司马、都督中外诸军、录尚书事①，假黄钺②。温以抚军司马王坦之为长史③。坦之，述之子也。又以征西掾郗超为参军④，王珣为主簿⑤，每事必与二人谋之。府中为之语曰："髯参军⑥，短主簿，能令公喜，能令公怒。"温气概高迈，罕有所推。与超言，常自谓不能测，倾身待之，超亦深自结纳。珣，导之孙也，与谢玄皆为温掾④，温俱重之。

注释

①侍中：魏晋以后，往往相当于宰相。大司马：南朝时为兼握政务与军事重权的高官。都督中外诸军：掌管全国军事。录尚书事：南北朝时期，凡掌握重权的大臣经常带"录尚书事"的名号，总揽政要大权，无所不管。

②假黄钺：魏晋南北朝时期，重臣出征往往加有假黄钺的称号。黄钺，以黄金为饰，古代帝王所用，后世用为仪仗。借之以增威重，有代表皇帝亲征之意。

③抚军司马：官名。抚军府中掌军事的属官。长史：官名，战国末年秦已置，属官。

④征西掾：征西将军的属官。掾，属官，辅佐的助手。郗超：字景兴，东晋大臣。参军：武官名，掌辅助谋划军事。

⑤王珣：和其父亲王洽、祖父王导三代皆以能书著名。主簿：掌管文书的属吏。

⑥髯：两腮上面的胡子，也泛指胡子。

⑦谢玄：宰相谢安之侄，东晋著名军事家。

兴宁元年（363年）五月，加封征西大将军桓温侍中、大司马，都督中外诸军，录尚书事，假黄钺。桓温以抚军司马王坦之为长史。王坦之是王述之子。桓温又以征西掾郗超为参军，王珣为主簿，遇事必与二人商量。府中人总结道："胡子参军，矮子主簿，能让桓公欢喜，也能让桓公生气。"桓温气概高迈，很少有人能得到他的器重。桓温和郗超谈话，常常觉得对方深不可测，推心置腹地对待他，郗超也深相结纳。王珣是王导的孙子，与谢玄都是桓温的属吏，桓温也都很器重他们。

原文

（兴宁二年五月）加大司马温扬州牧，录尚书事①。壬申，使侍中召温入参朝政，温辞不至。

注释

①扬州牧：扬州的最高官员。牧，州郡长官。

译文

兴宁二年（364年）五月，朝廷加封大司马桓温扬州牧，录尚书事。壬申日，朝廷派侍中召桓温入参朝政，桓温推辞不去。

原文

（兴宁三年）大司马温移镇姑孰①。二月乙未，以其弟右将军豁监荆州、扬州之义城、雍州之京兆诸军事②，领荆州刺史；加江州刺史桓冲监江州及荆、豫八郡诸军事③，并假节。

司徒昱闻陈祐弃洛阳④，会大司马温于洌洲⑤，共议征讨。丙申，帝崩于西堂，事遂寝⑥。帝无嗣，丁酉，皇太后诏以琅邪王奕承大统。百官奉迎于琅邪第，是日，即皇帝位，大赦。

注释

①姑孰：今江苏苏州。

②监：掌管。荆州：治所在今湖北江陵。义城：义城郡，治所在今湖北光化。雍州之京兆：治所在今湖北襄阳。

③江州：今江西九江。

④陈祐：东晋冠军将军，镇守洛阳。燕人进攻洛阳，陈祐不敌，逃出洛阳。

⑤洌洲：今安徽当涂长江中小岛。

⑥寝：平息，停止。

译文

兴宁三年（365年），大司马桓温移镇姑孰。二月乙未日，以其弟右将军桓豁掌荆州、扬州之义城、雍州之京兆的军事，领荆州刺史；加封江州刺史桓冲掌管江州及荆、豫八郡诸军事，同时假节。

司徒昱听说了陈祐放弃洛阳的事，在洌洲和大司马桓温会面，商议征讨洛阳的事。丙申日，东晋哀帝司马丕在太极殿西堂病逝，事情中止。哀帝无嗣，丁酉日，皇太后下诏以琅邪王司马奕继承皇位。百官去琅邪王府第迎接他入宫，当天，司马奕即皇帝位，大赦天下。

原 文

（咸安元年十月）大司马温恃其材略位望，阴蓄不臣之志①，尝抚枕叹曰："男子不能流芳百世，亦当遗臭万年！"术士杜炅能知人贵贱②，温问炅以己禄位所至，炅曰："明公勋格宇宙，位极人臣。"温不悦。温欲先立功河朔③，以收时望，还受九锡④。及枋头之败⑤，威名顿挫。既克寿春⑥，谓参军郗超曰："足以雪枋头之耻乎？"超曰："未也。"久之，超就温宿，中夜，谓温曰："明公都无所虑乎？"温曰："卿欲有言邪？"超曰："明公当天下重任，今以六十之年，败于大举，不建不世之勋，不足以镇惬民望⑦！"温曰："然则奈何？"超曰："明公不为伊、霍之举者⑧，无以立大威权，镇压四海。"温素有心，深以为然，遂与之定议。以帝素谨无过，而床第易诬⑨，乃言"帝早有痿疾，嬖人相龙、计好、朱炅宝等，参侍内寝；二美人田氏、孟氏生三男，将建储立王，倾移皇基"。密播此言于民间，时人莫能审其虚实。

注 释

①不臣之志：不守臣节，不合臣道的心思，指想谋反篡位。

②炅：音 jiǒng。

③立功河朔：收复北方，北伐成功。

④九锡：古代天子赐给诸侯、大臣的九种器物，是最高的礼遇。西汉末，王莽篡汉时先受赐九锡，魏晋六朝以后权臣夺取政权、建立新王朝时都沿袭此例。后世就以九锡为权臣篡位先声。

⑤枋头之败：枋头，今河南浚县。369 年，桓温第三次北伐，

在枋头大败于燕人。

⑥寿春：魏晋南北朝时期淮南军事重镇，今安徽寿县。

⑦惬：满足，称心。

⑧伊、霍之举：伊尹、霍光，即指废立。

⑨床第：床和垫在床上的竹席，指男女房中之事。

译文

咸安元年（371 年）十月，大司马桓温凭借自身的材略位望，暗地里积蓄不臣之心，曾经抚枕叹息："大丈夫不能流芳百世，就应当遗臭万年！"术士杜炅能够预知人的贵贱，桓温就问他，自己的官爵最大可以做到什么位置。杜炅说："明公的功劳大如宇宙，必定可以位极人臣。"桓温不高兴。他想先北伐立功，增加威望，然后回来接受九锡之赐。但是经过 369 年枋头之败后，桓温的威名受挫。371 年成功攻占寿春之后，他问参军郗超道："这次胜利足以洗雪枋头之败的耻辱么？"郗超答道："还不能。"过了很久，一天郗超住在桓温那里，夜半时问道："明公都没有忧虑的事么？"桓温说："你想说什么？"郗超说："明公身上担负着天下重任，现在已六十岁了，遇到惨败，在这种情形之下，只有建立非同一般的功勋，才足以震慑人心。"桓温问："那要怎么做？"郗超答："明公没有行伊尹、霍光那样的废立之事，就不可以立大威权，慑服天下。"桓温向来就有类似的想法，深以为然，于是决定要行废立。由于皇帝司马奕素来谨慎没有过错，只有男女间的事容易造谣，于是传播谣言说"皇帝早有阳痿的毛病，他宠信的相龙、计好、朱灵宝等人，出入寝宫侍候；皇帝的两位美人田氏、孟氏生了三个儿子，将要立为太子，这样皇室的根本就被动摇了"。这种说法在民间秘密流传，当时人谁也不知道真假。

原文

十一月癸卯，温自广陵将还姑孰①，屯于白石②。丁未，诣建康③，讽褚太后④，请废帝，立丞相会稽王昱，并作令草呈之。太后方在佛屋烧香，内侍启云："外有急奏。"太后出，倚户视奏数行，乃曰："我本自疑此！"至半，便止，索笔益之曰："未亡人不幸罹此百忧⑤，感念存没，心焉如割。"

注释

①广陵：今江苏扬州。

②白石：今安徽当涂采石矶西南。

③建康：东晋都城，今江苏南京。

④褚太后：名蒜子，晋康帝司马岳皇后。

⑤罹：遭遇。

译文

十一月癸卯日，桓温自广陵打算返姑孰，驻扎在白石。丁未日，到了都城建康，他暗示褚太后，请求废黜皇帝，另立丞相会稽王司马昱，并将大致意思写成奏稿进呈。太后正在佛屋烧香，内侍启奏："外面有急奏。"太后出来，靠在门边看了数行，就说："我本就疑心这个。"看到一半便停下不看，索笔添写道："未亡人不幸遭遇种种忧患，想起活在人世的和过世的，心如刀割。"

原文

己酉，温集百官于朝堂。废立既旷代所无[1]，莫有识其故典者，百官震慄[2]。温亦色动，不知所为。尚书仆射王彪之知事不可止[3]，乃谓温曰："公阿衡皇家[4]，当倚傍先代。"乃命取《汉书·霍光传》，礼度仪制，定于须臾[5]。彪之朝服当阶，神彩毅然，曾无惧容。文武仪准，莫不取定，朝廷以此服之。于是宣太后令，废帝为东海王，以丞相、录尚书事、会稽王昱统承皇极。百官入太极前殿，温使督护竺瑶、散骑侍郎刘亨收帝玺绶[6]。帝著白帢单衣[7]，步下西堂，乘犊车出神虎门[8]，群臣拜辞，莫不歔欷[9]。侍御史、殿中监将兵百人卫送东海第[10]。温帅百官具乘舆法驾[11]，迎会稽王于会稽邸。王于朝堂变服，著平巾帻、单衣[12]，东向流涕，拜受玺绶。是日，即皇帝位，改元。温出次中堂，分兵屯卫。温有足疾，诏乘舆入殿。温撰辞，欲陈述废立本意，帝引见，便泣下数十行。温兢惧，竟不能一言而出。

注释

①旷代：绝代，当代无人能及。

②震慄：震惊害怕。

③尚书仆射：官名，地位仅次于尚书令。王彪之：王导之侄。

④阿衡：商代官名，伊尹曾任此职。后引申为辅导帝王，主持国政。

⑤须臾：片刻。

⑥督护：武官名，晋置。散骑侍郎：官名，三国魏置。

⑦白帢单衣：白色便帽和单衣。

⑧犊车：牛车。

⑨歔欷：悲泣，抽噎。

⑩侍御史：官名，秦置，汉沿袭，在御史大夫之下。掌管给事殿中、举劾非法、督察郡县，或奉使出外执行指定任务。殿中监：官名，魏晋以后，在门下省设殿中监一官，多以皇帝之亲戚、贵臣担任，掌管皇帝生活起居之事。

⑪乘舆法驾：天子车驾仪仗。

⑫平巾帻：帻本是古时的头巾。东汉时用一种平顶的帻做戴冠时的衬垫物，称为平巾帻。西晋末，出现了一种小冠，前面呈半圆形平顶，后面升起呈斜坡形尖突，戴时不能覆盖整个头顶，只能罩住发髻的，就是平巾帻（也称小冠）。

译 文

己酉日，桓温在朝堂上召集百官。废立既然是当代没有过的事，也就没有官员知道制度应该如何，百官震惊恐惧。桓温变了脸色，不知应该怎么办。尚书仆射王彪之知道事情已不可挽回，就对桓温说："明公辅佐皇室治理天下，应当遵循先代制度。"让人取来《汉书·霍光传》，当时就定下礼仪制度。王彪之穿着朝服站在朝堂上，神情坚毅，毫无惧色。文武官员的礼仪格式都由王彪之一言而定，因此大家都很是佩服他。于是宣布太后的诏令，废皇帝司马奕为东海王，以丞相、录尚书事、会稽王司马昱继承皇位。百官进入太极前殿，桓温派督护竺瑶、散骑侍郎刘亨收取皇帝的印玺。司马奕戴着白帽子，身穿单衣，走下西堂，乘牛车出神虎门离开。群臣磕头拜别，没有不流泪叹息的。侍御史、殿中监带了百名士卒护送废帝至东海王府第。桓温带领百官准备了天子车驾仪仗，前往会稽王府迎接会稽王。会稽王在朝堂上更换衣服，戴着平巾帻，身穿单衣，面向东而立，流着眼泪，拜受天子印玺，当天即位改元。桓温在太极殿中堂，分派士兵守卫。桓温的脚有毛病，皇帝下诏他可以乘轿入殿。桓温准备了奏章，想在进见时详细陈述废立的本意，皇帝召见他时不断哭泣。桓温战战兢兢的，最终竟一句话也说不出来。

原　文

太宰武陵王晞好习武事①，为温所忌，欲废之。以事示王彪之，彪之曰："武陵亲尊，未有显罪，不可以猜嫌之间便相废徙。公建立圣明，当崇奖王室，与伊、周同美。此大事，宜更深详。"温曰："此已成事，卿勿复言！"乙卯，温表："晞聚纳轻剽②，息综矜忍③；袁真叛逆④，事相连染。项日猜惧，将成乱阶。请免晞官，以王归藩。"从之。并免其世子综、梁王瑶等官。温使魏郡太守毛安之帅所领宿卫殿中⑤。

注　释

①太宰：晋以避司马师讳，置太宰以代太师。武陵王晞：司马晞，晋元帝子，简文帝兄弟。司马综、司马瑶均为其子。

②聚纳轻剽：召集轻浮急躁之徒。

③惊综：其于司马综。矜忍：傲慢残忍。

④袁真叛逆：369年东晋发生袁真叛乱。

⑤魏郡：今河北大名、临漳一带。毛安之：荥阳人，是简文帝时期的重要将领。

太宰武陵王司马晞喜好武事，因此为桓温所忌，想要贬斥他。桓温借其他事由示意王彪之，王彪之说："武陵王是天子的兄弟，并没有明显的罪状，不可因为猜嫌就将其废黜。既然明公废立是匡扶皇室，就应当努力保护好皇室，这样才能比美伊尹、周公。这样的大事，应该从长计议。"桓温说："此事已定，你就不必再说了。"乙卯日，桓温上表称："司马晞召集轻浮急躁之徒，其子司马综又傲慢残忍，而且牵连在袁真叛逆案中，朝廷和他彼此猜惧，必将酿成大乱。请将司马晞免官，赐以王爵命其归藩。"皇帝同意了。同时罢免其世子司马综、梁王司马珫等人的官职。桓温派魏郡太守毛安之统带宿卫守在殿中。

原文

初，殷浩卒，大司马温使人赍书吊之①。浩子涓不答，亦不诣温，而与武陵王晞游。广州刺史庾蕴②，希之弟也，素与温有隙。温恶殷、庾宗强，欲去之。辛亥，使其弟秘逼新蔡王晃诣西堂叩头自列，称与晞及子综、著作郎殷涓、太宰长史庾倩、掾曹秀、舍人刘强、散骑常侍庾柔等谋反③。帝对之流涕，温皆收付廷尉。倩、柔,皆蕴之弟也。癸丑,温杀东海王三子及其母。甲寅,御史中丞谯王恬承温旨④,请依律诛武陵王晞。诏曰:"悲惋惶怛⑤,非所忍闻,况言之哉!其更详议!"恬,承之孙也。乙卯,温重表固请诛晞,词甚酷切。帝乃赐温手诏曰:"若晋祚灵长,公便宜奉行前诏;如其大运去矣,请避贤路。"温览之,流汗变色,乃奏废晞及三子,家属皆徙新安郡。丙辰,免新蔡王晃为庶人,徙衡阳;殷涓、庾倩、曹秀、刘强、庾柔皆族诛,庾蕴饮鸩死⑥。蕴兄东阳太守友子妇,桓豁之女也,故温特赦之。庾希闻难,与弟会稽王参军邈及子攸之逃于海陵陂泽中⑦。

注释

①赍:送信。

②庾蕴:庾希之弟。庾氏为东晋大族。

③著作郎:官名,三国魏明帝始置,属中书省,掌编纂国史。太宰长史:太师的属吏。散骑常侍:官名,秦汉设散骑(皇帝的骑从)和中常侍,三国魏时将其并为一官,称"散骑常侍",在皇帝左右规谏过失,以备顾问。晋以后,往往预闻要政。

④御史中丞:官名,汉以御史中丞为御史大夫的助理,外督部刺史,内领侍御史,受公卿章奏,纠察百僚,其权颇重。

⑤惶怛:惶恐痛苦。

⑥鸩:传说中的一种毒鸟。把它的羽毛放在酒里,可以毒杀人。后世指毒药。

⑦陂泽:湖泽。

当初殷浩过世，大司马桓温派人送信吊唁。殷浩子殷涓不回信，也不去回拜桓温，而和武陵王司马晞来往密切。广州刺史庾蕴是庾希的弟弟，向来和桓温有嫌隙。桓温讨厌殷、庾两家势力强大，想要铲除他们。辛亥日，桓温派弟弟桓秘逼新蔡王司马晃诣西堂叩头自陈，在皇帝面前供称说自己与司马晞及其子司马综、著作郎殷涓、太宰长史庾倩、掾曹秀、舍人刘强、散骑常侍庾柔等共同谋反。简文帝流下眼泪，桓温将他们都抓起来交付给廷尉。庾倩、庾柔都是庾蕴的弟弟。癸丑日，桓温杀了东海王的三个儿子及其生母。甲寅日，御史中丞谯王司马恬秉承桓温意旨，请皇帝依法诛杀武陵王司马晞。皇帝下诏说："这样诛杀亲族的事，令人悲哀惨痛，不是我所忍听闻的，何况是亲手做呢？此事再详加商议。"司马恬是司马承的孙子。乙卯日，桓温再次上表坚持要求杀司马晞，言词迫切。简文帝赐桓温手诏说："如果晋朝的国祚还长，桓公就遵行我上道诏书的意思吧；如果晋室大运已去，请让我退位让贤。"桓温看到以后，汗流浃背，变了脸色，转而请求废黜司马晞及三子，家属流放到新安郡。丙辰日，下诏免新蔡王司马晃为庶人，流放衡阳；殷涓、庾倩、曹秀、刘强、庾柔都被灭族，庾蕴服毒而死。庾蕴的哥哥东阳太守庾友的儿媳是桓温弟弟桓豁的女儿，所以得到桓温特赦。庾希听到此事，和弟弟会稽王参军庾邈以及儿子庾攸之逃到海陵的湖泽中。

少年读资治通鉴

原文

温既诛殷、庾，威势翕赫①。侍中谢安见温遥拜②。温惊曰："安石，卿何事乃尔？"安曰："未有君拜于前，臣揖于后。"

注释

①翕赫：显赫。

②谢安：出身士族，东晋名臣。

译文

桓温杀了殷氏、庾氏之后，威势显赫。侍中谢安看见桓温远远就拜下去，桓温惊道："安石，你为什么这样做？"谢安道："君王尚且叩拜于前，臣下哪有以平礼相见的道理？"

原文

（咸安二年七月）甲寅，帝不豫①，急召大司马温入辅，一日一夜发四诏。温辞不至。

注释

①不豫：身体不适，生病。

译文

咸安二年（372年）七月甲寅日，简文帝生病，急召大司马桓温入京，一日一夜连发四道诏书。桓温推辞不去。

原文

己未，立昌明为皇太子，生十年矣。以道子为琅邪王，领会稽国，以奉帝母郑太妃之祀。遗诏："大司马温依周公居摄故事①。"

又曰："少子可辅者辅之，如不可，君自取之。"侍中王坦之自持诏入，于帝前毁之。帝曰："天下，傥来之运^②，卿何所嫌！"坦之曰："天下，宣、元之天下^③，陛下何得专之！"帝乃使坦之改诏曰："家国事一禀大司马，如诸葛武侯、王丞相故事^④。"是日，帝崩。

注 释

①周公居摄：西周时周公旦在武王去世后，出任摄政，辅佐年幼的成王。故事：旧例。

②傥来：无意中得到。

③宣、元：宣帝司马懿、元帝司马睿，西晋的创立者。

④诸葛武侯、王丞相：诸葛亮、王导，都是辅佐君主的名臣。

译 文

己未日，简文帝立司马昌明为皇太子，当时已经十岁了。封另一个儿子司马道子为琅邪王，统领会稽国，负责皇帝生母郑太妃之祭祀。遗诏说："大司马桓温依照周公居摄旧例。"又曰："太子可以辅佐就辅佐他，如不成器，大司马自取皇位。"侍中王坦之拿着诏书进见，在皇帝面前撕毁。简文帝说："我拥有天下也不过是出于意外，偶然的运气，你又何必如此？"王坦之说："天下，是宣帝、元帝创立的天下，陛下怎么能凭一己之意举以赠人！"于是简文帝让王坦之将诏书改为："家国事全部交付给大司马处分，如诸葛武侯和王丞相的旧例。"当天，简文帝去世。

齐 纪

魏迁洛阳

原　文

（永明十一年）魏主以平城地寒①，六月雨雪，风沙常起，将迁都洛阳；恐群臣不从，乃议大举伐齐②，欲以胁众。斋于明堂左个③，使太常卿王谌筮之④，遇"革"，帝曰："'汤、武革命⑤，应乎天而顺乎人。'吉孰大焉！"群臣莫敢言。尚书任城王澄曰⑥："陛下奕叶重光⑦，帝有中土；今出师以征未服，而得汤、武革命之象，未为全吉也。"帝厉声曰："繇云：'大人虎变⑧，何言不吉？"澄曰："陛下龙兴已久，何得今乃虎变！"帝作色曰："社稷我之社稷，任城欲沮众邪⑨！"澄曰："社稷虽为陛下之有，臣为社稷之臣，安可知危而不言！"帝久之乃解⑩，曰："各言其志，夫亦何伤！"

注　释

①魏主：即北魏孝文帝拓跋宏，也称元宏，鲜卑人。执政期间，对北魏的政治、经济、文化和社会习俗等各方面，进行大刀阔

斧的改革。平城：今山西大同，北魏的都城。

②齐：南朝的齐。

③斋于明堂左个：在明堂南厢的东头大厅。明堂，古代帝王颁布政令，接受朝觐和祭祀天地诸神以及祖先的场所。

④太常卿：官名，秦置奉常，汉改名太常，掌宗庙礼仪，兼选试博士。其后为专掌祭祀礼乐之官。北魏称太常卿。筮：古代用蓍草占卜的一种迷信活动。

⑤汤、武革命：商汤讨伐夏，周武王讨伐商，都是改朝换代的征伐。这是革卦的卦辞。

⑥任城王澄：拓跋澄，孝文帝叔父，北魏迁都的重要支持者。

⑦奕叶重光：指孝文帝继承北魏先世光辉的基业。奕叶，即奕世、累世。重光，比喻累世盛德，辉光相承。

⑧繇（zhòu）：《易经》的"繇辞"，即卜辞。大人虎变：比喻居上位者出处行动变化莫测。虎变，如虎身花纹的变化。

⑨沮：动词，令……沮丧。

⑩解：消失，消解。

译 文

永明十一年（493年），魏孝文帝因为平城寒冷，六月都会下雪，又常有风沙，因此想要迁都洛阳；但担心群臣反对，于是声言要大举伐齐，以此胁迫众人。在明堂斋戒，让太常卿王谌占卜，得出"革"卦，孝文帝说："革卦就是'汤、武革命，顺乎天命应乎人心。'这是大吉！"群臣不敢说话。尚书任城王拓跋澄说："陛下继承了先世的光

▲ 拓跋宏

辉基业，在中原称帝；如今出兵征伐还未臣服的敌寇，就得到表示汤、武革命的卦，这不算是全吉。"皇帝厉声说："'彖辞'说：'王者出处行动变化莫测，就如同虎身上的花纹一样'，怎么不吉啦？"拓跋澄答道："陛下龙兴已久，怎么现在又出来虎变呢？"孝文帝怒道："社稷是我的社稷，任城王是想阻止我发兵吗？"拓跋澄说："社稷虽为陛下所有，但臣为社稷之臣，怎么能明知危险而不说话！"过了很久皇帝才平息怒气，说："不过是各自表明心意而已，也没什么关系。"

原 文

既还宫，召澄入见，逆谓之曰①："向者'革卦'，今当更与卿论之。明堂之忿，恐人人竞言，沮我大计②，故以声色怖文武耳。想识朕意。"因屏人③，谓澄曰："今日之举，诚为不易。但国家兴自朔土，徙居平城；此乃用武之地，非可文治。今将移风易俗，其道诚难，朕欲因此迁宅中原，卿以为何如？"澄曰："陛下欲卜宅中土④，以经略四海⑤，此周、汉之所以兴隆也。"帝曰："北人习常恋故⑥，必将惊扰，奈何？"澄曰："非常之事，故非常人之所及。陛下断自圣心，彼亦何所能为！"帝曰；"任城，吾之子房也⑦！"

六月，丙戌，命作河桥，欲以济师。

注 释

①逆：迎上前去。

②沮：同"阻"，阻挠。

③屏：屏退，让人退下。

④卜宅：选择住地。这里指迁都。

⑤经略四海：经营治理天下。

⑥习常恋故：习惯于旧有的、已经成为常例的事物。恋故，恋旧。

⑦子房：张良，汉初刘邦谋臣。

译 文

孝文帝回宫后召拓跋澄入见，迎上前去对他说："上次说的"革卦"，我现在和你再重新讨论一下。明堂上我之所以发怒，是因为怕人人竞相发言，破坏我的大计，所以故意疾言厉色，不过为了震慑百官罢了。想必你能了解我的心意。"让随从退下，对拓跋澄说："今日之事实在是不容易，但国家在北方兴起，迁都到平城，此地是适合打仗的地方，不适合推行文治。如今要移风易俗，实在艰难，朕因此想迁都中原，你有什么看法？"拓跋澄说："陛下想迁居中原，以经营天下，这本来就是周、汉两朝之所以能够兴盛的原因。"孝文帝说："北人风俗恋旧保守，知道之后必定惊扰，阻力重重，你有什么办法？"拓跋澄说："不平凡的事，本身就不是平凡的人可以办得到的。陛下乾纲独断，反对的人又能做什么呢？"孝文帝说；"任城王真是我的张良。"

六月丙戌日，孝文帝下令建造黄河上的桥，准备出师时渡河用。

原 文

（九月），戊辰，魏主济河①；庚午，至洛阳。

魏主自发平城至洛阳，霖雨不止②。丙子，诏诸军前发。丁丑，帝戎服③，执鞭乘马而出。群臣稽颡于马前④。帝曰："庙算已定⑤，大军将进，诸公更欲何云？"尚书李冲等曰："今者之举，天下所不愿，唯陛下欲之。臣不知陛下独行，竟何之也！臣等有其意而无其辞，敢以死请！"帝大怒曰："吾方经营天下，期于混壹⑥，而卿等儒生，屡疑大计；斧钺有常⑦，卿勿复言！"策马将出，于是安定王休等并殷勤泣谏。帝乃谕群臣曰："今者兴发不小，动而无成，何以示后！朕世居幽朔，欲南迁中土；苟不南伐，当迁都于此，王公以为何如？欲迁者左，不欲者右。"安定王休等相帅如右。南安王桢进曰："'成大功者不谋于众。'今陛下苟辍南伐之谋⑧，迁都洛邑，此臣等之愿，苍生之幸也。"群臣皆呼万岁。时旧人虽不愿内徙，而惮于南伐，无敢言者，遂定迁都之计。

注 释

①济河：渡河。

②霖雨：连绵大雨。

③戎服：穿着军服。

④稽颡：古代一种跪拜礼，屈膝下拜，以额触地，表示极度的虔诚。

⑤庙算：朝廷确定的谋略。

⑥混壹：统一天下。

⑦斧钺有常：斧和钺，古代兵器，用于斩刑。这里借指重刑。常，规矩，规则。

⑧辍：停止，停息。

九月戊辰日，孝文帝渡过黄河；庚午日，到达洛阳。

孝文帝自平城出发到洛阳，雨一直连绵不止。丙子日，下诏诸军出发。丁丑日，孝文帝穿着战袍，执鞭乘马出来。群臣聚集在他的马前磕头拦阻。皇帝说："朝廷的大计已定，大军就要出发，诸公还想说什么？"尚书李冲等人说："陛下现在的征伐，天下人都不愿意，只合陛下自己的心意，臣不知陛下如此独断专行，究竟为什么？臣等不愿陛下出征，但不知道该说什么来阻止陛下，只有以死相劝。"孝文帝大怒说："我正在经营天下，希望有朝一日可以完成统一大业，而你们这些儒生，屡屡怀疑我的大计；斧钺不饶人，你们就不必再说了。"策马将行，这时安定王拓跋休等都恳切地哭谏皇帝放弃出征。孝文帝于是对群臣说："如今做出这么大的场面，最后如果取消征伐，怎么做后人的榜样？朕世代居住在遥远的北方，想要南迁到中原；如果不南征，就迁都于此，各位王公以为如何？同意迁都的站在左面，不愿意的站到右面。"安定王拓跋休等人一起站到了右面。南安王拓跋桢上奏说："建立大功勋的人不征求大家的意见。'如今陛下如果能停止南征，迁都洛阳，那么这是臣等的心愿，也是百姓之幸。"群臣高呼万岁。当时虽然老一辈人都不愿迁都，但相比之下更害怕南征，所以没有敢出来反对的，于是孝文帝就定下迁都之策。

原文

李冲言于上曰："陛下将定鼎洛邑①，宗庙宫室，非可马上行游以待之。愿陛下暂还代都②，俟群臣经营毕功③，然后备文物、鸣和鸾而临之④。"帝曰："朕将巡省州郡，至邺小停⑤，春首即还，未宜归北。"乃遣任城王澄还平城，谕留司百官以迁都之事，曰："今日真所谓革也。王其勉之！"帝以群臣意多异同，谓卫尉卿、镇南将军于烈曰⑥："卿意如何？"烈曰："陛下圣略渊远，非愚浅所测。若隐心而言，乐迁之与恋旧，适中半耳。"帝曰："卿既不唱异，即是肯同，深感不言之益。"使还镇平城，曰："留台庶政⑦，一以相委。"

注释

①定鼎：这里指迁都。

②代都：即平城。

③俟：等。经营毕功：指营建都城的工程结束。

④备文物、鸣和鸾：准备好车驾及典章文物（迎接孝文帝）。和鸾，古代车上的铃铛。挂在车前横木上称"和"，挂在轭首或车

架上称"弯"。

⑤邺：今河北临漳境内。

⑥卫尉卿：官名，统率卫士守卫宫禁。

⑦留台庶政：平城政府中的各种政务。

李冲进言："陛下将定都洛邑，则新都的宗庙宫室，并非立刻可以建成。希望陛下暂回平城，待群臣将都城营造完毕，再具仪仗车驾，迎候陛下驾临。"孝文帝说："朕要去巡省州郡，在邺城稍作停留，初春就会回洛阳，不宜北回旧都了。"于是派遣任城王拓跋澄回平城，将迁都之事告知留下的百官，说："今日是真正的'革'了。任城王要好好努力！"孝文帝知道群臣意见不一，对卫尉卿、镇南将军于烈说："你觉得迁都之事如何？"于烈答道："陛下英明的谋略看得深远，不是愚笨和浅陋之辈可以猜测得到的。如果诚心来说，愿意迁都和怀恋旧地，各占一半吧。"皇帝说："你既不提出反对，也就是赞同，我深深感念你不说出反对的话的好处。"派他还镇平城，说："旧都的一切政务，全都委托给你了。"

原文

冬，十月，戊寅朔，魏主如金墉城①，征穆亮，使与尚书李冲、将作大匠董尔经营洛都②。

乙未，魏解严③，设坛于滑台城东④，告行庙以迁都之意⑤。大赦，起滑台宫。任城王澄至平城，众始闻迁都，莫不惊骇。澄援

齐纪

（少年读资治通鉴）

引古今，徐以晓之，众乃开伏⑥。澄还报于滑台，魏主喜曰："非任城，朕事不成。"

①金墉城：三国魏明帝时筑，为当时洛阳城（今河南洛阳东）西北角的一个小城。

②将作大匠：官名，掌宫室、宗庙、陵寝等的土木营建。

③魏解严：解除戒严令。

④坛：祭坛。滑台：河南滑县。相传古有滑氏，于此筑垒，后人筑以为城，高峻坚固。汉末以来为军事要冲。北魏时与金墉、虎牢、碻磝称河南四镇。

⑤行庙：天子巡幸或大军出征临时所立的庙。

⑥开伏：开悟心服。

译 文

冬季，十月戊寅朔，孝文帝到金墉城，征用穆亮，让他与尚书李冲、将作大匠董尔营造洛都。

乙未日，孝文帝在滑台城东设祭坛，将迁都之意禀报行庙。接着大赦天下，修建滑台宫。任城王拓跋澄回到平城，百官才听说迁都的事，无不大惊失色。拓跋澄引古论今，慢慢开导大家，众人也就渐渐明白过来，接受了这件事。拓跋澄回报，孝文帝大喜，说："没有任城王，朕迁都之事不会这样顺利。"

原 文

癸卯，魏主如邺城。王肃见魏主于邺①，陈伐齐之策。魏主与之言，不觉促席移晷②。自是器遇日隆，亲旧贵臣莫能间也③。魏主或屏左右与肃语，至夜分不罢，自谓君臣相得之晚。寻除辅国将军、大将军长史。时魏主方议兴礼乐、变华风，凡威仪文物，多肃所定。

乙巳，魏主遣安定王休帅从官迎家于平城。

注 释

①王肃：出身世家大族，其父王奂在南齐被人诬陷，父子一起被杀，只有王肃逃到北魏，得到孝文帝的重用，对于北魏的改革贡献极大。

②促席移晷：坐席向前移动，时间流逝。形容孝文帝和王肃一见如故，谈话投机，不知不觉地时光就过去了，座位也越来越近。晷，日影。

③间：隔阂，疏远。

译 文

癸卯日，孝文帝来到邺城。王肃在邺城觐见，陈奏伐齐之策。孝文帝和他谈话，不自觉促席相就，忘记了时间。从此越来越器重他，礼遇也越来越隆重，亲旧贵臣谁也不能让君臣之间有隔阂。孝文帝有时屏退左右和他谈话，到夜半还不停，自称君臣相见恨晚。很快任命王肃为辅国将军、大将军长史。其时孝文帝正在准备兴礼乐、变华风，所有典章文物，大多为王肃制定。

乙巳日，孝文帝派安定王拓跋休带领官员到平城，将皇室成员接来洛阳。

原文

（建武元年十月），戊申，魏主亲告太庙，使高阳王雍、于烈奉迁神主于洛阳。辛亥，发平城。

（十一月）魏主至洛阳，欲澄清流品①，以尚书崔亮兼吏部郎。

（十二月）魏主欲变易旧风，壬寅，诏禁士民胡服②。国人多不悦。

注释

①澄清流品：魏晋南北朝时特有的制度，按照门第的高低将士人分成不同等级，以此确定官员的地位高低。

②胡服：鲜卑服装。

译文

建武元年（494年）十月戊申日，孝文帝亲自告祭太庙，派高阳王拓跋雍和于烈负责将祖宗牌位护送到洛阳。辛亥日，自平城出发迁都洛阳。

十一月，孝文帝到达洛阳，想要效法南朝的门阀品第，用尚书崔亮兼吏部郎。

十二月，孝文帝想改变鲜卑族的旧风俗，于壬寅日，下诏禁止士民穿胡服。国人大多不愿意。

原文

（建武二年五月）魏主欲变北俗，引见群臣，谓曰："卿等欲朕远追商、周，为欲不及汉、晋邪？"咸阳王禧对曰："群臣愿陛下度越前王耳①。"帝曰："然则当变风易俗，当因循守故邪？"对曰："愿圣政日新。"帝曰："为止于一身，为欲传之子孙邪？"对曰："愿传之百世！"帝曰："然则必当改作，卿等不得违也。"对曰："上令下从，其谁敢违！"帝曰："夫'名不正，言不顺，则礼乐不可兴'。今欲断诸北语②，一从正音。其年三十已上，习性已久，容不可猝革③；三十已下，见在朝廷之人，语音不听仍旧；若有故为，当加降黜。各宜深戒！王公卿士以为然不？"对曰："实如圣旨。"帝曰："朕尝与李冲论此，冲曰：'四方之语，竟知谁是；帝者言之，即为正矣。'冲之此言，其罪当死！"因顾冲曰："卿负社稷，当令御史牵下！"冲免冠顿首谢。又责留守之官曰："昨望见妇女犹服夹领小袖④，卿等何为不遵前诏！"皆谢罪。帝曰："朕言非是，卿等当庭争⑤，如何入则顺旨，退则不从乎！"六月，己亥，下诏："不得为北俗之语于朝廷。违者免所居官！"

注释

①度越：超越。

②北语：鲜卑语。

③猝：忽然。

④夹领小袖：指鲜卑服装。

⑤庭争：即廷争，在朝堂上当面提出反对意见。

建武二年（495年）五月，孝文帝想改变鲜卑人的风俗习惯，于是引见群臣，问道："各位想要朕远比商、周之善政，还是想要朕连汉、晋都不如？"咸阳王拓跋禧奏对道："群臣愿陛下超越前王。"孝文帝说："那么我们应当移风易俗呢？还是因循守旧呢？"群臣答道："愿陛下的施政不断日新月异。"孝文帝问："朝廷基业是要止于一身呢？还是想要传之子孙呢？"群臣答道："愿传之百世。"孝文帝说："那么一定要加以变革，各位不可以不遵行朝廷颁布的法度。"群臣答道："朝廷颁布政令，臣下服从遵行，没有人敢抗命的。"孝文帝说："古语说'名不正，言不顺，礼乐制度也建立不了'。如今我想禁止说鲜卑语，改说汉话。三十岁以上的，已经习惯了，可以不必立刻改变；三十以下、现在朝廷为官的，不许再说鲜卑语；有人还故意说鲜卑语的，就降职免官。各位请深以为戒。王公卿士们以为如何？"群臣答道："陛下说的有理。"孝文帝说："朕曾与李冲讨论过此事，李冲说：'四方都有土语，谁知道哪种才是正确的呢？陛下用哪种语言，哪种就是正音。'李冲此言，应该处死。"回顾李冲说："你辜负了社稷，应当令御史下狱治罪。"李冲脱帽，磕头谢罪。孝文帝又责备留守官说："昨天我看见有的妇人仍然穿着夹领小袖的鲜卑服装，你们为什么不遵行我之前的诏书？"官员们一起谢罪。孝文帝说："我说的对不对，你们应当面指出，怎么能当面惟命是从，转了身就不肯遵行呢？"六月己亥日下诏:"朝廷之上不许说鲜卑语,违者免官!"

原文

魏有司上奏:"广川王妃葬于代都①,未审以新尊从旧卑②,以旧卑就新尊?"魏主曰:"代人迁洛者,宜悉葬邙山③。其先有夫死于代者,听妻还葬;夫死于洛者,不得还代就妻。其余州之人,自听从便。"丙辰,诏:"迁洛之民死,葬河南,不得还北。"于是代人迁洛者悉为河南洛阳人。

注释

①广川王妃:广川王拓跋谐的王妃。

②审:弄明白。

③邙山:在今河南境内。

译文

魏有司上奏说:"广川王妃葬在平城,现在广川王落葬,不知道应该将广川王葬回平城呢,还是将王妃移到洛阳和王爷一起下葬?"孝文帝说:"代人迁到洛阳的,死后一律葬在洛阳以北的邙山。如果有丈夫先死葬在平城的,可以准许妻子还葬;丈夫死于洛阳的,不得还葬就妻。其余各州的人,可以自行决定。"丙辰日下诏:"迁居洛阳的鲜卑人死后,葬河南,不得还北。"于是代人迁到洛阳的,全部为河南洛阳人。

梁 纪

侯景之乱

原 文

东魏司徒、河南大将军、大行台侯景①，右足偏短，弓马非其长②，而多谋算。诸将高敖曹、彭乐等皆勇冠一时，景常轻之，曰："此属皆如豕突③，势何所至！"景尝言于丞相欢："愿得兵三万，横行天下，要须济江缚取萧衍老公④，以为太平寺主。"欢使将兵十万，专制河南，杖任若己之半体。

注 释

①大行台：台省在外者称行台。魏晋始有之，为出征时随其所驻之地设立的代表中央的政务机构。北朝后期，称尚书大行台，设置官属无异于中央，自成行政系统。侯景：鲜卑化羯人。南北朝时期著名的将领，为人反复无常。他攻打南朝梁的战争，对江南地区的经济文化造成极大的破坏。

②弓马：骑射武艺。

③豕突：像野猪一样奔突窜扰。

④老公：老家伙。萧衍，南朝梁武帝。

　　东魏司徒、河南大将军、大行台侯景，右足偏短，不擅长骑射，但富于谋略。当时名将如高敖曹、彭乐等都勇冠一时，侯景却看不起他们，往往轻蔑地说："这些家伙就像猪一样东奔西跑，能做出什么事来！"他曾对丞相高欢说："我希望拥兵三万，就可以横行天下，渡过长江擒拿萧衍这老家

▲ 侯 景

伙，让他来做太平寺主。"高欢让他带兵十万，统领河南，行事拥有自己一半的权力。

　　景素轻高澄①，尝谓司马子如曰②："高王在，吾不敢有异；王没，吾不能与鲜卑小儿共事！"子如掩其口。及欢疾笃，澄诈为欢书以召景。先是，景与欢约曰："今握兵在远，人易为诈，所赐书皆请加微点。"欢从之。景得书无点，辞不至；又闻欢疾笃，用其行台郎颍川王伟计③，遂拥兵自固。

①高澄：东魏高欢的长子，鲜卑人。

②司马子如：高欢的重臣之一，一度权倾朝野，但不为高澄

65

信任。

③行台郎：官名，大行台所任的郎官，护卫侍从，以备顾问。颍川：郡名，治阳翟（今河南禹州），辖境相当今河南登封、宝丰以东。王伟：侯景心腹。

译 文

侯景向来看不起高澄，曾经对司马子如说："高王在，我不敢有异心；高王过世了，我可不要和这个鲜卑小子共事。"子如立刻捂住他的嘴。等到高欢病重，高澄伪造了高欢的书信召回侯景。原先侯景和高欢约定："我在外带兵，有人会轻易假传信息，请在所赐书信中加小点。"高欢答应了。这次的信没有点，侯景知道有诈，推托不去；又听说高欢病重，于是用其行台郎颍川王伟的计策，决定拥兵自重，不听高澄的命令。

原 文

（太清元年正月）丙午，东魏勃海献武王欢卒。侯景自念已与高氏有隙，内不自安。辛亥，据河南叛，归于魏，颍州刺史司马世云以城应之①。景诱执豫州刺史高元成、襄州刺史李密、广州刺史怀朔暴显等②。遣军士二百人载仗，暮入西兖州③，欲袭取之。刺史邢子才觉之，掩捕，尽获之。因散檄东方诸州，各为之备，由是景不能取。

注 释

①颍州：今河南许昌。

②豫州：今河南汝南。襄州：今河南襄城。广州：今河南鲁

山。怀朔：今内蒙古固阳。

③西兖州：今河南滑县。

太清元年（547年）正月丙午日，东魏勃海献武王高欢去世。侯景想到自己和高氏有矛盾，内心不安。辛亥日，他在河南叛变，归降西魏，颍州刺史司马世云开城响应他。侯景诱捕豫州刺史高元成、襄州刺史李密、广州刺史怀朔暴显等人。又派遣二百军士带着武器，趁夜色袭击西兖州，想要夺取此地。但刺史邢子才及早发觉，将侯景派来的人全部拿获。因此发檄文给东魏在东方的各州，各自作好防备，因此侯景不能再夺取州郡。

原 文

（二月），魏以开府仪同三司若于惠为司空，侯景为太傅、河南道行台、上谷公。

庚辰，景又遣其行台郎中丁和来，上表言："臣与高澄有隙，请举函谷以东①，瑕丘以西②，豫、广、颍、荆、襄、兖、南兖、济、东豫、洛、阳、北荆、北扬等十三州内附③，惟青、徐数州④，仅须折简⑤。且黄河以南，皆臣所职，易同反掌。若齐、宋一平⑥，徐事燕、赵⑦。"上召群臣廷议。尚书仆射谢举等皆曰："顷岁与魏通和，边境无事，今纳其叛臣，窃谓非宜。"上曰："虽然，得景则塞北可清；机会难得，岂宜胶柱⑧！"

①函谷：函谷关，今河南新安境内。

②瑕丘：今山东兖州东北。

③荆：今河南邓县东南。兖：今山东兖州。南兖：今安徽蒙城。济：今山东茌平。东豫：今河南惠县。洛：今河南洛阳。阳：今河南宜阳。北荆：今河南嵩县。北扬：今河南项城。

④青：今山东青州东。徐：今江苏徐州。

⑤折简：书信。

⑥齐、宋：今山东、河南一带。

⑦燕、赵：指今河北地区。

⑧胶柱：胶住瑟上的弦柱，以致不能调节音的高低。比喻固执拘泥。

译 文

二月，魏以开府仪同三司若于惠为司空，侯景为太傅、河南道行台、上谷公。

庚辰日，侯景又派了行台郎中丁和到梁，上表说："臣与高澄不和，请让我带着函谷关以东、瑕丘以西，包括豫、广、颍、荆、襄、兖、南兖、济、东豫、洛、阳、北荆、北扬等十三州的广大地区归附朝廷。青、徐数州，只要写信过去就可以招徕。而且黄河以南，都曾是臣所职掌之地，想取得那里易如反掌。如果齐、宋平定了，燕、赵之地也可以慢慢去收复。"梁武帝召群臣廷议。尚书仆射谢举等都说："近来和魏相处友好，边境无事，如今接收魏的叛臣，似乎并不妥当。"武帝说："虽然如此，可是得到侯景就有机会平定北方，机会难得，不能过于拘泥。"

原文

是岁，正月，乙卯，上梦中原牧守皆以地来降，举朝称庆。旦，见中书舍人朱异①，告之，且曰："吾为人少梦，若有梦，必实。"异曰："此乃宇内混壹之兆也。"及丁和至，称景定计以正月乙卯，上愈神之。然意犹未决，尝独言："我国家如金瓯②，无一伤缺，今忽受景地，讵是事宜③？脱致纷纭④，悔之何及？"朱异揣知上意，对曰："圣明御宇，南北归仰，正以事无机会，未达其心。今侯景分魏土之半以来，自非天诱其衷⑤，人赞其谋，何以至此！若拒而不内，恐绝后来之望。此诚易见，愿陛下无疑。"上乃定议纳景。壬午，以景为大将军，封河南王，都督河南北诸军事、大行台，承制如邓禹故事⑥。

注释

①中书舍人：官名。舍人始于先秦，指国君、太子亲近属官，魏晋时于中书省内置中书通事舍人，掌传宣诏命。南朝沿置，梁朝称中书舍人，掌管起草诏令，参与机密，权力颇重。朱异：博学多才，为梁武帝君臣器重。

②金瓯：黄金之瓯。后用比喻疆土之完固。

③讵：岂，难道。

④脱致纷纭：倘若引起纠纷。

⑤天诱其衷：上天开导其心意。

⑥承制：秉承皇帝旨意而便宜行事。邓禹：东汉中兴名将。

译 文

这年正月乙卯日，武帝梦见中原的地方官都献地来降，举朝称庆。第二天见到中书舍人朱异，告诉了他，说："我很少做梦，但如果有梦，一定会实现。"朱异说："这是天下统一的预兆。"等到丁和到来，称侯景也是在正月乙卯决定归附的，于是武帝更加相信梦兆。但仍有犹豫，自言自语说："我国家如金瓯毫无伤缺，现在忽然接纳侯景献地，可以这样做吗？倘若引起纠纷，后悔也来不及了吧？"朱异揣测上意，对武帝说："圣天子在位，南北归心，只是没有合适的时机，所以没办法表达出心意。如今侯景带着东魏一半的土地前来，如果不是上天开导其心意，又有人从旁协助的话，是怎么也不可能办到的！如果拒而不纳，恐怕会断绝后来人的希望。侯景一定是出于诚心，愿陛下不必怀疑。"于是武帝决定接纳侯景。壬午日，以侯景为大将军，封河南王，都督河南河北诸军事、大行台，可以像东汉邓禹那样，秉承皇帝旨意便宜行事。

原 文

上遣使吊澄。景又启曰："臣与高氏，衅隙已深①，仰凭威灵，期雪仇耻；今陛下复与高氏连和，使臣何地自处！乞申后战，宣畅皇威！"上报之曰："朕与公大义已定，岂有成而相纳、败而相弃乎？今高氏有使求和，朕亦更思偃武②。进退之宜，国有常制。公

70

但清静自居，无劳虑也！"景又启曰："臣今蓄粮聚众，秣马潜戈③，指日计期，克清赵、魏④，不容军出无名，故愿以陛下为主耳。今陛下弃臣遐外⑤，南北复通，将恐微臣之身，不免高氏之手。"上又报曰："朕为万乘之主，岂可失信于一物！想公深得此心，不劳复有启也。"

注释

①衅隙：仇怨，隔阂。

②偃武：停息武备。

③秣马潜戈：即厉兵秣马，磨戈喂马，喻做好战斗准备。

④赵、魏：指今河北地区。

⑤遐外：边远地区，蛮荒之地。

译文

武帝派人出使东魏吊唁高欢。侯景又上奏说："臣与高氏，仇怨已深，所以希望仰仗陛下的威望，期待有朝一日报仇雪耻；现在陛下又和高氏连和，让臣无地自处！请陛下答应臣日后为陛下和高氏作战，宣扬陛下的皇威。"武帝答复道："朕与公君臣大义已定，哪有成功则接纳、失败了就舍弃的道理？现在高氏遣使求和，朕也想停息武备，锐意文治。进退之间，国家自有规则和安排。你只要安享清福，不必过虑。"侯景又启奏说："臣如今积蓄粮草，招募士兵，厉兵秣马，指望很快就可以攻克赵、魏，只是不能师出无名，所以愿意以陛下为主。如今陛下弃臣于边远之地，南北朝恢复往来，恐怕微臣终究不免遭高氏毒手。"武帝再答复："朕为万乘之主，岂可因为小事而失信！想来公一定明白我的心意，不必再启奏了。"

原文

景乃诈为邺中书，求以贞阳侯易景[①]；上将许之。舍人傅岐曰："侯景以穷归义，弃之不祥；且百战之余，宁肯束手就絷[②]？"谢举、朱异曰："景奔败之将，一使之力耳。"上从之，复书曰："贞阳旦至，侯景夕返。"景谓左右曰："我固知吴老公薄心肠！"王伟说景曰："今坐听亦死，举大事亦死，唯王图之！"于是始为反计，属城居民[③]，悉召募为军士，辄停责市估及田租[④]，百姓子女，悉以配将士。

注释

①贞阳侯：萧渊明，梁武帝之侄，叛梁投奔东魏。

②束手就絷：束手就擒。絷：系绊马足，绊。

③属城：所属的城池。

④停责：停止征收。市估：商税。

译文

侯景于是假造了一封东魏的书信，要求用贞阳侯交换侯景。武帝不知有诈，想要答应。舍人傅岐说："侯景因为走投无路来归降，既然已经接纳了他，又如此舍弃他，似乎不对；况且侯景历经百战，怎么肯束手受擒？"谢举、朱异则说："侯景一介败军之将，不过派个使者就可以将他擒拿。"武帝觉得他们说得对，回信说："贞阳侯早上到，我们晚上就遣返侯景。"侯景对左右说："我就知道这老家伙心肠凉薄。"王伟劝道："如今奉命也是死，起兵造反失败了也不过一死，希望您考虑考虑！"于是开始谋划造反，将属下诸城居民全数招募为军士，不再征收商业税和田租，百姓子女都分配给将士。

原 文

侯景自至寿阳^①，征求无已^②，朝廷未尝拒绝。景请娶于王、谢^③，上曰："王、谢门高非偶，可于朱、张以下访之^④。"景恚曰^⑤："会将吴儿女配奴！"又启求锦万匹为军人作袍^⑥，中领军朱异议以青布给之。又以台所给仗多不能精^⑦，启请东冶锻工^⑧，欲更营造，敕并给之。

注 释

①寿阳：今安徽寿县。

②已：停止。

③王、谢：南朝门第显赫的两大家族。

④朱、张：南朝高门，比王、谢门第稍低。

⑤恚：愤怒。

⑥锦：有彩色花纹的丝织品。

⑦台所给仗：中央政府机构提供的武器。

⑧东冶锻工：官府里专业的锻造工匠。东冶是朝廷专门从事冶炼的机构。

译 文

侯景自到寿阳便需索众多，朝廷从不拒绝。侯景请求和王、谢联姻，武帝说："王、谢门第太高和你不大相称，可在朱、张以下寻找合适的人家。"侯景怒道："总有一天，要把吴地儿女配给奴隶。"又请求锦万匹为军人做袍子，中领军朱异提议换成青布给他。他又嫌朝廷供应的武器不够精良，奏请东冶锻工重新制造，这些要求武帝都满足了他。

原 文

上既不用景言，与东魏和亲，是后景表疏稍稍悖慢①；又闻徐陵等使魏②，反谋益甚。元贞知景有异志③，累启还朝。景谓曰："河北事虽不果，江南何虑失之，何不小忍！"贞惧，逃归建康，具以事闻。上以贞为始兴内史④，亦不问景。

注 释

①悖慢：违逆不敬，背理傲慢。

②徐陵：南朝梁陈间著名诗人。公元548年，奉命出使东魏。次年因为侯景之乱，被迫留在邺城。

③元贞：时为咸阳王。

④始兴：今广东曲江县。内史：官名，地方上掌民政的官员。

译 文

武帝没有采纳侯景的意见，和东魏保持友好关系，其后侯景上奏态度稍稍傲慢；又听说徐陵等人出使东魏，更加坚定了叛乱的心思。元贞知道侯景有反心，屡次上表请求还朝。侯景对他说："河北的事虽然没有成功，但区区江南怎么会担心搞不定，为什么不稍稍忍耐？"元贞恐惧，逃回建康，将侯景的事上奏。武帝用元贞为始兴内史，但也未责问侯景。

鄱阳王范密启景谋反。时上以边事专委朱异，动静皆关之，异以为必无此理。上报范曰："景孤危寄命，譬如婴儿仰人乳哺，以此事势，安能反乎！"范重陈之曰："不早剪扑①，祸及生民。"上曰："朝廷自有处分，不须汝深忧也。"范复请以合肥之众讨之，上不许。朱异谓范使曰：鄱阳王遂不许朝廷有一客！"自是范启，异不复为通②。

①剪扑：剪除，扑灭。

②通：转达，通告。

鄱阳王萧范密奏侯景谋反。当时武帝将边境事务交付朱异全权负责，一动一静都要通报，朱异以为绝无可能。于是武帝答复鄱阳王萧范说："侯景在孤立危难之际归附我朝，就像婴儿需要依靠人哺乳以生存，以此局势，侯景怎么可能造反呢？"鄱阳王萧范再次陈奏："侯景如果不早剪除，必将祸及百姓。"武帝答复："朝廷自有处分，你就不必多担心了。"鄱阳王萧范又请求自己率合肥军队去讨伐侯景，武帝不许。朱异对鄱阳王的使者说："鄱阳王就是不许朝廷有一个宾客。"自此之后，只要是鄱阳王萧范的启奏，朱异就不再呈报上去。

景邀羊鸦仁同反[1]，鸦仁执其使以闻。异曰："景数百叛虏，何能为！"敕以使者付建康狱，俄解遣之。景益无所惮[2]，启上曰："若臣事是实，应罹国宪[3]；如蒙照察[4]，请戮鸦仁！"

上使朱异宣语答景使曰："譬如贫家，畜十客、五客，尚能得意；朕唯有一客，致有怨言，亦朕之失也。"益加赏赐锦彩钱布，信使相望。

①羊鸦仁：当时的司州刺史。

②惮：畏惧。

③罹国宪：遭到国家法律的制裁。

④照察：明察，清楚地知道。

侯景邀羊鸦仁一起造反，羊鸦仁捉住他的来使上奏。朱异说："侯景不过只有数百手下，能做什么？"下令将使者关入建康大狱，不久就将使者释放。侯景更加肆无忌惮，上奏说："若臣谋反是实，应该被处死；如果陛下明察，知道臣无辜，那么请杀羊鸦仁。"

武帝派朱异宣示上谕答复侯景来使："譬如贫寒人家，养十客、五客，尚能如意；朕唯有一客，却导致有人口出怨言，这也是朕的过失。"更多地赏赐锦彩钱布给侯景以示安慰，双方信使络绎不绝。

原　文

戊戌，景反于寿阳，以诛中领军朱异、少府卿徐驎、太子右卫率陆验、制局监周石珍为名①。异等皆以奸佞骄贪，蔽主弄权，为时人所疾，故景托以兴兵。

注　释

①少府卿：官名，掌皇室所用的山河池泽之税。太子右卫率：官名，掌管太子侍卫。制局监：官名，负责皇禁卫兵力的部署及监督包括近侍禁卫武官在内的臣僚的行为。

译　文

戊戌日，侯景在寿阳造反，以诛杀中领军朱异、少府卿徐驎、太子右卫率陆验、制局监周石珍为名。朱异等人都是奸佞之徒，骄横贪污，蒙蔽君主，肆意弄权，为当时人痛恨，所以侯景以此为借口起兵。

原　文

己酉，景至慈湖。建康大骇，御街人更相劫掠，不复通行。赦东、西冶、尚方钱署及建康系囚①，以扬州刺史宣城王大器都督城内诸军事②，以羊侃为军师将军副之；南浦侯推守东府③，西丰公大春守石头④，轻车长史谢禧、始兴太守元贞守白下⑤，韦黯与右卫将军柳津等分守宫城诸门及朝堂。

注　释

①东、西冶：朝廷冶炼的机构。尚方钱署：尚方为制造帝王所用器物的官署，指其中的钱署。系囚：关押的囚犯。

②宣城：今安徽宣城。

③东府：指南京东南的宰相府。

④石头：今江苏南京西。

⑤轻车长史：轻车将军府长史。白下：今江苏江宁西北。

译文

已酉日，侯景兵至慈湖。建康大惊，御街上屡屡发生抢劫，官府禁断通行。朝廷赦东冶、西冶、尚方钱署的工人和建康监狱里的犯人，临时组织军队，以扬州刺史宣城人王大器都督城内诸军事，以羊侃为军师将军，辅佐王大器；南浦侯萧推守卫宰相府，西丰公萧大春守卫石头城，轻车长史谢禧、始兴太守元贞守卫白下，韦黯与右卫将军柳津等分守宫城诸门和朝堂。

原文

辛亥，景至朱雀桁南①，太子以临贺王正德守宣阳门，东宫学士新野庾信守朱雀门②，帅宫中文武三千余人营桁北。太子命信开大桁以挫其锋③，正德曰："百姓见开桁，必大惊骇，可且安物情。"太子从之。俄而景至，信帅众开桁，始除一舫，见景军皆著铁面，退隐于门。信方食甘蔗，有飞箭中门柱，信手甘蔗，应弦而落，遂弃军走。南塘游军沈子睦④，临贺王正德之党也，复闭桁渡景。太子使王质将精兵三千援信，至领军府，遇贼，未陈而走。正德帅众于张侯桥迎景，马上交揖，既入宣阳门，望阙而拜，歔欷流涕，随景渡淮。景军皆著青袍，正德军并著绛袍，碧里，既与景合，悉反其袍。景乘胜至阙下，城中汹惧，羊侃诈称得射书云："邵陵王、西昌侯援兵已至近路⑤。"众乃少安。西丰公大春弃石头，奔京口；谢禧、元贞弃白下走；津主彭文粲等以石头城降景⑥，景遣其仪同三司于子悦守之。

梁
纪

注释

①朱雀桁：朱雀桥。桁，浮桥。

②新野：今河南新野。

③开大桁：拆除浮桥。

④南塘游军：秦淮河南的军队。

⑤邵陵王：萧纶。西昌侯：萧渊藻。

⑥津主：负责要塞的长官。

译文

辛亥日，侯景率军到了朱雀桥南，太子派临贺王萧正德守卫宣阳门，东宫学士新野人庾信守朱雀门，带领宫中文武三千余人在浮桥北面扎营。太子命庾信拆掉浮桥以挫其锋芒，萧正德说："百姓见到浮桥断了，一定大为震惊，还是暂且让大家安心的好。"太子接受了这个建议。一会儿侯景到了，庾信带人断桥，才解开一艘浮船，就看见侯景军都戴着铁面，便马上退到门后。庾信正在吃甘蔗，有飞箭射中门柱，庾信手中的甘蔗应声而落，就丢下军队逃跑了。南塘游军将领沈子睦是萧正德的党羽，又修好了浮桥让侯景的军队通过。太子派王质带三千精兵支援庾信，才到领军府，遭遇叛军，连兵阵都未列就纷纷逃散。萧正德率众在张侯桥迎接侯景，马上交揖为礼,进入宣阳门,望着宫门跪拜,感叹流泪,跟随侯景一起渡过秦淮河。侯景军穿青袍,正德军穿绛袍,绿色里子,和侯景军会合以后,都把袍子反过来穿。侯景乘胜追到宫门,城中人震惊恐惧,羊侃假称得射书,说:"邵陵王、西昌侯的援兵快到了。"众人才稍微镇定了些。西丰公萧大春放弃石头城,逃往京口;谢禧、元贞放弃白下逃走;津主彭文粲等以石头城投降了侯景,侯景派他的仪同三司于子悦镇守石头城。

原 文

壬子,景列兵绕台城①,幡旗皆黑②,射启于城中曰:"朱异等蔑弄朝权,轻作威福,臣为所陷,欲加屠戮。陛下若诛朱异等,臣则敛辔北归。"上问太子:"有是乎?"对曰:"然。"上将诛之,太子曰:"贼以异等为名耳;今日杀之,无救于急,适足贻笑将来③,俟贼平,诛之未晚。"上乃止。

注 释

①台城:即宫城。

②幡:旗帜。

③贻笑:见笑。

译 文

壬子日,侯景带兵包围台城,旗帜都是黑色的,他将奏章射入城中,写着:"朱异等人弄权乱政,擅作威福,臣为他们陷害,所以想杀掉他们。如果陛下能够诛除朱异等人,臣就带兵北归。"武帝问太子:"有这种事么?"太子答道:"有的。"武帝想杀朱异等人，太子说："侯景不过是用朱异等人为借口而已；今日即使杀了他们，也无济于事，只不过将来被人笑话罢了，等叛乱平定以后再杀也不晚。"武帝只得作罢。

梁纪

原文

景初至建康，谓朝夕可拔，号令严整，士卒不敢侵暴①。及屡攻不克，人心离沮。景恐援兵四集，一旦溃去；又食石头常平诸仓既尽②，军中乏食，乃纵士卒掠夺民米及金帛子女。是后米一升至七八万钱，人相食，饿死者什五六。

注释

①侵暴：侵犯骚扰。

②石头常平诸仓：石头城中政府官仓。

译文

侯景初到建康，以为可以很快攻克，所以号令严整，士卒不敢侵夺强取。等到屡攻不克，士气离散沮丧。侯景怕四方援兵一旦到来，自己的军队就会溃散；加上石头城常平等仓库中的粮食也已经吃光，军中缺粮，于是就放纵士卒掠夺百姓的粮食、金帛、子女。其时米一升值七八万钱，人相互食，建康人饿死十之五六。

原文

乙丑，景于城东、西起土山，驱迫士民，不限贵贱，乱加殴捶①，疲羸者因杀以填山②，号哭动地。民不敢窜匿③，并出从之，旬日间，众至数万。城中亦筑土山以应之。

81

注 释

①殴捶：殴打。

②赢：身体瘦弱。

③窜匿：逃跑和躲藏。

译 文

乙丑日，侯景在城东、西堆起土山，驱赶士民，不分贵贱，胡乱加以殴打，疲劳瘦弱的都被杀死用来填土山，哭声动地。百姓不敢躲藏逃跑，都只得出来听命，十来天的时间里，聚集了数万人。城里便也筑土山以防御。

原 文

景募人奴降者，悉免为良①；得朱异奴，以为仪同三司，异家赀产悉与之。奴乘良马，衣锦袍，于城下仰诟异曰②："汝五十年仕宦，方得中领军③；我始事侯王，已为仪同矣④！"于是三日之中，群奴出就景者以千数，景皆厚抚以配军⑤。人人感恩，为之致死。

注 释

①免为良：免除奴籍，恢复其平民的身份。

②诟：骂。

③中领军：魏晋时改称领军将军，均统率禁军。南朝沿设，北朝略同。与护军将军或中护军同掌中央军队，为重要军事长官之一。

④仪同：魏晋以后，将军之开府置官属者称"开府仪同三司"。

⑤厚抚以配军：优待并将他们分配到军队中。

译 文

侯景招募奴仆，一旦投军，立刻免除奴籍，恢复其平民的身份；找到朱异的奴仆，任命他为仪同三司，将朱异的资产全部赏赐给他。此人乘良马，穿着锦袍，在城下仰头大骂朱异："你做了五十年官，才做到中领军；我才跟随侯王，已经是仪同了。"于是三天之内，奴仆出城投奔侯景的数以千计，侯景都厚待他们，将他们分别派到军中。这些人都感念侯景的恩德，愿意为他效死。

原 文

俄而景遣王伟入文德殿奉谒①，上命褰帘开户引伟入②。伟拜呈景启，称："为奸佞所蔽，领众入朝，惊动圣躬，今诣阙待罪③。"上问："景何在？可召来。"景入见于太极东堂，以甲士五百人自卫。景稽颡殿下④，典仪引就三公榻⑤。上神色不变，问曰："卿在军中日久，无乃为劳！"景不敢仰视，汗流被面。又曰："卿何州人，而敢至此，妻子犹在北邪？"景皆不能对。任约从旁代对曰："臣景妻子皆为高氏所屠，唯以一身归陛下。"上又问："初渡江有几人？"景曰："千人。""围台城几人？"曰："十万。""今有几人？"曰："率土之内，莫非己有。"上俯首不言。

注 释

①奉谒：拜见。

②褰帘开户：打开门，掀起帘子。

③诣阙待罪：到宫门请罪。

④稽颡：古代一种跪拜礼，屈膝下拜，以额触地，表示极度的
虔诚。

⑤典仪：引导官员依照礼仪行事的官员。三公榻：三公的
座位。

译 文

城破以后，不久侯景派王伟人文德殿谒见，武帝命人打开帘子
引王伟进入。王伟拜呈侯景书启，自称："我为奸佞蒙蔽，领兵入朝，
惊动圣躬，如今在宫门请罪。"武帝问："侯景在哪里？可召他来。"
侯景在太极殿东堂入见，带了五百甲士自卫。侯景在殿下叩首，典
仪引他入座三公榻。武帝神色不变，问："你在军中日久，辛苦！"
侯景不敢仰视，汗流满面。又问："你是哪里人？你敢到此地来，妻
子还在北方么？"侯景都不能对答。任约在旁边代答道："臣景妻子
都为高氏所屠，仅以一身归于陛下。"武帝又问："最早渡江有多少
人？"侯景答："千人。""围台城有多少人？"侯景答："十万。""如
今呢？"侯景答："率土之内，尽属己有。"武帝低头不言。

原 文

景复至永福省见太子，太子亦无惧容。侍卫皆惊散，唯中庶子
徐摛、通事舍人陈郡殷不害侧侍①。摛谓景曰："侯王当以礼见，何
得如此！"景乃拜。太子与言，又不能对。

注 释

①中庶子：东宫属官。摛：音chī。通事舍人：东宫官员，掌

管传达令旨，内外启奏。陈郡：今河南项城。

译文

侯景再到永福省拜见太子，太子也无惧怕之色。侍卫都已惊散，只有中庶子徐摛、通事舍人陈郡人殷不害在一旁侍奉。徐摛对侯景说："侯王当以礼入见太子，怎能如此？"侯景这才跪拜。太子和他说话，又不能对答。

原文

景退，谓其厢公王僧贵曰①："吾常跨鞍对陈，矢刃交下，而意气安缓，了无怖心。今见萧公，使人自慑②，岂非天威难犯？吾不可以再见之。"于是悉撤两宫侍卫，纵兵掠乘舆、服御、宫人皆尽。收朝士、王侯送永福省，使王伟守武德殿，于子悦屯太极东堂。矫诏大赦，自加大都督中外诸军、录尚书事。

注释

①厢公：侯景对其亲信封加的官号。
②自慑：慑服，从内心觉得畏惧。

译文

侯景退出后，对厢公王僧贵说："我平时在战场上跨鞍对阵，刀剑齐下也能意气安详，从来没有觉得害怕过。今天见到萧公，却从内心里觉得惶恐惊惧，难道是天威难犯吗？我不可以再见他了。"于是将两宫侍卫全部撤除，放纵士兵将车马、服饰、宫人抢掠一空。收捕朝士、王侯送到永福省，派王伟守卫武德殿，于子悦驻扎在太极东堂。假传圣旨大赦天下，自加头衔大都督中外诸军、录尚书事。

原文

高祖之末，建康士民服食、器用，争尚豪华，粮无半年之储，常资四方委输①。自景作乱，道路断绝，数月之间，人至相食，犹不免饿死，存者百无一二。贵戚、豪族皆自出采稆②，填委沟壑③，不可胜纪。

注释

①委输：转运。

②稆：野生的禾。

③填委沟壑：指人倒毙在水沟山谷中。

译文

梁武帝后期，建康士民服食器用，竞相崇尚豪华，家中大多没有超过半年的存粮，常依靠四方的转运。从侯景叛乱起，交通断绝，数月之间，建康到了人相食的地步，很多人还是免不了饿死，活下来的人一百人中也未必有一二人。贵戚、豪族都自己出去找吃的，倒毙在水沟和山谷中的不计其数。

陈 纪

杨坚篡周

原 文

　　周杨后性柔婉①，不妒忌，四皇后及嫔、御等②，咸爱而仰之。天元昏暴滋甚③，喜怒乖度④，尝谴后，欲加之罪。后进止详闲，辞色不挠⑤，天元大怒，遂赐后死，逼令引诀⑥，后母独孤氏诣阁陈谢⑦，叩头流血，然后得免。

注 释

　　①周杨后：北周宣帝宇文赟的正室杨皇后，杨坚之女。

　　②四皇后：周宣帝立五位皇后，除了杨后外，还有朱氏、陈氏、元氏、尉迟氏。

　　③天元：即周宣帝，称天元皇帝。滋甚：更加厉害。

▲ 杨 坚

④乖度：背离常理。

⑤不挠：不屈。

⑥引诀：自杀。

⑦独孤氏：杨坚之妻，杨皇后母亲。诣阁陈谢：到皇宫请罪。诣，前往。

译 文

北周宣帝的杨后性情柔婉，不妒忌，四皇后和后宫嫔御都敬爱和尊重她。宣帝日益昏暴，喜怒无常，曾经责备杨后，想治她的罪。杨后态度安详，辞色不屈，宣帝大怒，就赐杨后死，逼着她自裁。杨后的母亲独孤氏到皇帝面前请罪自责，叩头流血，杨后才得以幸免。

原 文

后父大前疑坚①，位望隆重，天元忌之，尝因忿谓后曰："必族灭尔家！"因召坚，谓左右曰："色动，即杀之。"坚至，神色自若，乃止。内史上大夫郑译②，与坚少同学，奇坚相表，倾心相结。坚既为帝所忌，情不自安，尝在永巷③，私于译曰："久愿出藩④，公所悉也，愿少留意！"译曰："以公德望，天下归心。欲求多福，岂敢忘也！谨即言之。"

注 释

①大前疑：古官名，四辅之一。坚：杨坚，隋朝的开国君主。

②内史上大夫：北周官名，相当于统治者的辅佐。郑译：仕北周，官内史上大夫，参决朝政。与杨坚为同学，辅佐其代周建隋。

③永巷：后宫。

④出藩：出任地方长官。

译　文

　　杨后的父亲大前疑杨坚，地位高贵，声望显赫，宣帝猜忌他，曾经在发怒时对杨后说："我一定将你家灭族！"于是召见杨坚，对左右说："要是他神色变了，就马上杀了他。"杨坚到了之后，神色自若，宣帝才暂时放过他。内史上大夫郑译与杨坚是少时同学，认为杨坚仪表堂堂，是了不起的人物，所以倾心与他结交。杨坚遭到宣帝猜忌，内心不安，有次在永巷悄悄地对郑译说："我一直想要出任外官，你也是知道的，请多为我留意。"郑译说："以你的德望可以令天下归心。我还想为将来求多福，怎么敢忘记你的事呢？我会找机会为你进言的。"

原　文

　　天元将遣译入寇①，译请元帅。天元曰："卿意如何？"对曰："若定江东，自非懿戚重臣②，无以镇抚。可令随公行，且为寿阳总管以督军事。"天元从之。己丑，以坚为扬州总管，使译发兵会寿阳。将行，会坚暴有足疾③，不果行。

注　释

　　①入寇：指南征陈朝。

　　②懿戚：皇亲国戚。

　　③暴：突然。

少年读资治通鉴

译 文

宣帝准备派郑译南征，郑译请宣帝任命元帅。宣帝问："你认为谁比较合适？"郑译答道："要想南征成功，没有皇亲重臣，是无法镇抚军队的。可让随杨公（杨坚）出行，同时任命他为寿阳总管以掌管军事。"宣帝答应了。已丑日，以杨坚为扬州总管，派郑译发兵南征。快出行的时候，杨坚突然患上了脚病，未能成行。

原 文

甲午夜，天元备法驾，幸天兴宫。乙未，不豫而还。小御正博陵刘昉①，素以狡谄得幸于天元②，与御正中大夫颜之仪并见亲信③。天元召昉、之仪入卧内，欲属以后事④，天元喑⑤，不复能言。昉见静帝幼冲⑥，以杨坚后父，有重名，遂与领内史郑译、御饰大夫柳裘、内史大夫杜陵韦謩、御正下士朝那皇甫绩谋引坚辅政⑦。坚固辞，不敢当。昉曰："公若为，速为之；不为，昉自为也。"坚乃从之，称受诏居中侍疾。

注 释

①小御正：官名。北周所置。博陵：今河北安平。刘昉：和郑译一起都是杨坚代周的重要帮手。

②狡谄：狡猾，善于奉承。

③御正中大夫：官名。北周所置。

④属：同"嘱"，嘱托。

⑤喑：哑，不能说话。

⑥静帝：宇文阐，宣帝之子，其时八岁。

⑦领内史：即内史上大夫。御饰大夫：掌管皇宫首饰的官员。
内史大夫：官名，北周置。杜陵：今陕西西安东南。謩：音 mó。
御正下士：官名。北周所置。朝那：今甘肃平凉西北。

甲午日夜，宣帝备好车马往天兴宫。乙未日，宣帝身体不适
回宫。小御正博陵人刘昉一向以狡猾善阿谀得到宣帝的宠信，他
和御正中大夫颜之仪都为宣帝亲近和信任。宣帝召刘昉、颜之仪
二人入寝殿，想吩咐后事，当时宣帝嗓子哑了已经不能说话。刘
昉见静帝年幼，而杨坚是皇后之父，极有名望，于是和领内史郑
译、御饰大夫柳裘、内史大夫杜陵韦謩、御正下士朝那人皇甫绩
商量以杨坚辅政。杨坚执意辞让，不敢奉命。刘昉说："您要是
可以出任辅政，请立刻接受任命；如果不接受，我就自己出任此
职。"杨坚这才答应了，对外宣称是奉宣帝诏居宫中侍候宣帝的
疾病。

原 文

是日，帝殂①，秘不发丧。昉、译矫诏以坚总知中外兵马事。
颜之仪知非帝旨，拒而不从。昉等草诏署讫②，逼之仪连署③，
之仪厉声曰："主上升遐④，嗣子冲幼，阿衡之任⑤，宜在宗英。
方今赵王最长，以亲以德，合膺重寄⑥。公等备受朝恩，当思尽

忠报国，奈何一旦欲以神器假人^⑦！之仪有死而已，不能诬罔先帝。"昉等知不可屈，乃代之仪署而行之。诸卫既受敕^⑧，并受坚节度^⑨。

注释

①徂：去世。

②讫：完毕，结束。

③连署：共同署名。

④升遐：帝王去世的婉称。

⑤阿衡：指国家辅弼之任，宰相之职。

⑥膺：承当，接受。

⑦神器：比喻皇权。

⑧诸卫：各禁卫军。

⑨节度：节制，指挥。

译文

当天宣帝驾崩，秘不发丧。刘昉、郑译假传圣旨，任命杨坚总管中外兵马事。颜之仪知道这并非宣帝本意，拒绝奉命。刘昉等人草拟好诏书，各自署名，逼颜之仪共同签署，颜之仪厉声说："主上驾崩，嗣子年幼，辅政的大任应该由宗室中有能力的人承担。如今赵王年纪最长，无论是和皇室的亲近程度或是德行，都应该由他承担重任。你们备受朝恩，就当思尽忠报国，怎么能够就这样把国家权力交给别人！之仪宁可一死，也不能诬罔先帝。"刘昉等人知道他不会屈服，就代替他签署了名字，然后颁行诏书。诸卫接受敕令，都听从杨坚指挥。

原 文

坚恐诸王在外作乱，以千金公主将适突厥为辞①，征赵、陈、越、代、滕五王入朝②。坚索符玺，颜之仪正色曰："此天子之物，自有主者，宰相何故索之！"坚大怒，命引出，将杀之；以其民望，出为西边郡守。

注 释

①千金公主：北周宣帝的弟弟、赵王宇文招的女儿。适：嫁。

②赵、陈、越、代、滕五王：赵王宇文招、陈王宇文纯、越王宇文盛、代王宇文达、滕王宇文逌。

译 文

杨坚担心宗室诸王在外生变，就借着千金公主将要嫁到突厥为借口，征召赵、陈、越、代、滕五王入朝。杨坚索要符印和玉玺，颜之仪正色道："符玺是天子之物，自然有人掌管，宰相为什么索要？"杨坚大怒，命人将颜之仪拉出去，本来想杀他；考虑他很有民望，所以派他到西边去做郡守。

原 文

丁未，发丧。静帝入居天台。罢正阳宫①。大赦，停洛阳宫作。庚戌，尊阿史那太后为太皇太后，李太后为太帝太后，杨后为皇太后，朱后为帝太后，其陈后、元后、尉迟后并为尼。以汉王赞为上柱国、右大丞相，尊以虚名，实无所综理。以杨坚为假黄钺、左大丞相，秦王贽为上柱国。百官总己以听于左丞相^②。

注　释

①正阳宫：静帝原来居住的宫殿，天台是宣帝住的宫殿。

②总己：全部，总体。

译　文

丁未日发丧。静帝入居天台。罢正阳宫。大赦天下，停止洛阳宫的修造工程。庚戌日，尊阿史那太后为太皇太后，李太后为太帝太后，杨后为皇太后，朱后为帝太后，陈后、元后、尉迟后出家为尼。以汉王宇文赞为上柱国、右大丞相，外示尊崇，并不参与实际政务。以杨坚为假黄钺、左大丞相，秦王宇文贽为上柱国。百官都由左丞相节制管理。

原　文

坚初受顾命^①，使邗国公杨惠谓御正下大夫李德林曰^②："朝廷赐令总文武事，经国任重。今欲与公共事，必不得辞。"德林曰："愿以死奉公。"坚大喜。始，刘昉、郑译议以坚为大冢宰^③，译自摄大司马^④，昉又求小冢宰^⑤。坚私问德林曰："欲何以见处？"德林曰："宜作大丞相、假黄钺、都督中外诸军事，不尔，无以压众心。"及发丧，即依此行之，以正阳宫为丞相府。

注　释

①顾命：帝王临终前遗命。

②李德林：隋初名臣。

③大冢宰：周官名。为六卿之首，亦称太宰。

④大司马：官名，南北朝以大将军、大司马为"二大"。

⑤小冢宰：北周官名。

译　文

杨坚在接受宣帝临终之命的最初，就派邶国公杨惠对御正下大夫李德林说："朝廷赐令总管文武事宜，身负重任，想和您共事，请不要推辞。"李德林说："愿以死侍奉杨公。"杨坚大喜。最初刘昉、郑译商量，想以杨坚为大冢宰，郑译自任大司马，刘昉又求小冢宰一职。杨坚私下问李德林："你认为我应该如何处理？"李德林说："应当做大丞相、假黄钺、都督中外诸军事，否则无以慑服众心。"为宣帝发丧之后，杨坚立即依此行事，下令将正阳宫改为丞相府。

原　文

时众情未壹，坚引司武上士卢贲置左右①。将之东宫，百官皆不知所从。坚潜令贲部伍仗卫②，因召公卿，谓曰："欲求富贵者宜相随。"往往偶语③，欲有去就④。贲严兵而至，众莫敢动。出崇阳门，至东宫，门者拒不纳，贲谕之，不去；瞋目叱之⑤，门者遂却，坚入。贲遂典丞相府宿卫⑥。以郑译为丞相府长史，刘昉为司马，李德林为府属，二人由是怨德林。

注释

①司武上士：北周武官名。贲：音 bēn。

②部伍仗卫：带领手持武器的侍卫。

③偶语：相聚议论或窃窃私语。

④去就：取舍。

⑤瞋目：睁大眼睛。叱：大声责骂。

⑥典：掌管。

译文

当时朝中群情不一，杨坚任用司武上士卢贲随侍左右。杨坚将往东宫，百官都不知道应不应该跟随他。杨坚暗中让卢贲安排好全副武装的禁卫，然后召集公卿，对他们说："想要求富贵的请跟随我。"一时百官窃窃私语，犹豫着想要离开。这时卢贲带着全副武装的禁卫进入，百官就没有敢动的。杨坚和百官出崇阳门，到东宫，门卫阻挡不让他们进入，卢贲告诉他们有关情况，门卫仍然不让开。卢贲瞪大眼睛呵斥，门卫害怕退却，杨坚进入东宫。于是卢贲掌管丞相府宿卫。杨坚以郑译为丞相府长史，刘昉为司马，李德林为府属，郑、刘二人因此怨恨李德林。

原文

内史下大夫勃海高颎明敏有器局①，习兵事，多计略，坚欲引之入府，遣杨惠谕意。颎承旨，欣然曰："愿受驱驰②。纵令公事不成，颎亦不辞灭族。"乃以为相府司录③。

注　释

①高颎（jiǒng）：隋代名相，杨坚最信任和器重的宰相。

②驱驰：比喻奔走效力。

③相府司录：丞相府属官。

译　文

内史下大夫勃海人高颎明敏有度量，熟习兵事，多谋略，杨坚想引为己用，派杨惠向高颎转达此意。高颎欣然接受说："愿受丞相驱驰。即使令公大事不成，高颎遭到灭族之祸也在所不辞。"于是杨坚任命他为相府司录。

原　文

时汉王赞居禁中，每与静帝同帐而坐①。刘昉饰美妓进赞，赞甚悦之。昉因说赞曰："大王，先帝之弟，时望所归。孺子幼冲②，岂堪大事！今先帝初崩，人情尚扰。王且归第，待事宁后，入为天子，此万全计也。"赞年少，性识庸下，以为信然③，遂从之。

注　释

①静帝：《通鉴》误记，应当为"杨坚"，当时杨坚为左丞相，汉王为右丞相。

②孺子：幼儿，儿童。幼冲：年幼。

③信然：信以为真。

当时汉王宇文赞住在宫中，每每与杨坚同帐而坐。刘昉进献美妓给汉王宇文赞，宇文赞很高兴。刘昉趁机对宇文赞说："大王是先帝之弟，众望所归。当今天子年幼，岂能担当大事？如今先帝初崩，人情纷扰，汉王不如暂时归第，等到局势稳定以后，再回来登基称帝，这才是万全之策。"汉王宇文赞年轻，见识平庸，觉得刘昉的话很有道理，就听从了他的意见。

原 文

坚革宣帝苛酷之政，更为宽大，删略旧律，作《刑书要制》，奏而行之；躬履节俭①，中外悦之。

注 释

①躬履：亲身奉行。

译 文

杨坚废除宣帝严酷统治，改行宽大之政，删改原有法律，作《刑书要制》，上奏以后颁行；自己躬行节俭，朝野内外都很敬服他。

隋 纪

杨广夺嫡

原 文

时太子勇失爱于上[1]，潜有废立之志[2]，从容谓颎曰[3]："有神告晋王妃，言王必有天下，若之何？"颎长跪曰[4]："长幼有序，其可废乎！"上默然而止。独孤后知颎不可夺[5]，阴欲去之。

注 释

①太子勇：杨勇，隋文帝杨坚长子，起初被立为太子，后被废。

②潜：暗中。

③从容：不慌不忙。

④长跪：直身而跪。古时席地而坐，坐时两膝据地，以臀部着足跟。跪则伸直腰股，以示庄敬。

⑤夺：夺志，改变想法。

译 文

当时太子杨勇不得隋文帝杨坚的欢心，文帝暗中有废立的想法，闲时对宰相高颎说："有神告晋王杨广的王妃，说晋王必定拥有天下，你觉得如何？"高颎长跪说："长幼有序，太子位居嫡长，怎么可以废黜呢！"文帝默然，未行废立。独孤皇后知道高颎不会改变主意，暗中想要除掉他。

原 文

会上令选东宫卫士以入上台①，颎奏称："若尽取强者，恐东宫宿卫太劣。"上作色曰②："我有时出入，宿卫须得勇毅。太子毓德东宫③，左右何须壮士！此极弊法。如我意者，恒于交番之日④，分向东宫，上下团伍不别，岂非佳事！我熟见前代，公不须仍踵旧风⑤。"颎子表仁，娶太子女，故上以此言防之。

注 释

①上台：指三公、宰辅出入的大殿。

②作色：脸上变色。指神情变严肃或发怒。

③毓德：修养德性。

④交番：轮流值班。

⑤踵：跟随，继续。

译 文

正值文帝下令选东宫卫士以入上台，高颎奏称："如果把其中出色的全部挑出来，恐怕东宫宿卫就太弱了。"文帝变了脸色说："我时常出入，宿卫需要选择勇毅之士。太子在东宫修德养性，左右要什么勇士！这项制度很不好。要是按照我的意思，就应该在侍卫轮值的时候，每次都分出一部分到东宫，不必专门分派，这岂不是很好的事！我熟悉前代故事，你就不用遵行旧风尚了。"高颎的儿子高表仁娶了太子之女，因此文帝故意这么说来防范他。

原文

颎夫人卒，独孤后言于上曰："高仆射老矣，而丧夫人，陛下何能不为之娶？"上以后言告颎。颎流涕谢曰："臣今已老，退朝，唯斋居读佛经而已。虽陛下垂哀之深，至于纳室，非臣所愿。"上乃止。既而颎爱妾生男，上闻之，极喜，后甚不悦。上问其故，后曰："陛下尚复信高颎邪？始，陛下欲为颎娶，颎心存爱妾，面欺陛下。今其诈已见，安得信之？"上由是疏颎。

译文

高颎夫人去世，独孤后对文帝说："高仆射老了，夫人去世，陛下怎么能不为他另娶？"文帝把皇后的话告诉了高颎。高颎流着眼泪辞谢，说："臣如今已老，退朝以后，不过斋戒读佛经而已。虽然陛下垂怜老臣至深，但再娶实非臣所愿。"文帝也就算了。不久高颎爱妾生了儿子，文帝听说以后，极其喜悦，皇后却很不高兴。文帝询问原因，皇后说："陛下还会再信任高颎吗？原先陛下想为他再娶，高颎明明心存爱妾，却捏造理由当面欺骗陛下。如今他骗人的手段都已经暴露了，您还怎么能信任他？"文帝从此疏远了高颎。

原　文

初，上使太子杨勇参决军国政事，时有损益，上皆纳之。勇性宽厚，率意任情①，无矫饰之行。上性节俭，勇尝文饰蜀铠②，上见而不悦，戒之曰："自古帝王未有好奢侈而能久长者。汝为储后③，当以俭约为先，乃能奉承宗庙。吾昔日衣服，各留一物，时复观之以自警戒。恐汝以今日皇太子之心忘昔时之事，故赐汝以我旧所带刀一枚，并菹酱一合④，汝昔作上士时常所食也⑤。若存记前事，应知我心。"

注　释

①率意：直率，按照本意。任情：任意，恣意。

②铠：铠甲。

③储后：储君。

④菹酱：酱菜。

⑤上士：军衔，军士的最高一级。

译　文

起先，文帝派太子杨勇参预决策军国政事，太子经常会提出意见，有所兴革，文帝都能接纳。太子杨勇生性宽厚，行事直率任性，不会弄虚作假。文帝为人节俭，杨勇曾经用来自蜀地的精美铠甲装饰自己，文帝看见了很不高兴，告诫他说："自古没有好奢侈还能享国长久的帝王。你既然是储君，就应当以俭约为先，这样才能继承宗庙。我以前的衣服，都各留了一样，不时地拿出来看看，以警戒自己。我怕你因为如今做了皇太子而忘记了以往的事，所以把我以前所带的一枚刀，还有一盒酱菜给你，酱菜是你昔日做上士时经常食用的。如果你还记得以前的事，就应该了解我的心意。"

原文

后遇冬至，百官皆诣勇，勇张乐受贺①。上知之，问朝臣曰："近闻至日内外百官相帅朝东宫，此何礼也？"太常少卿辛亶对曰②："于东宫，乃贺也，不得言朝。"上曰："贺者正可三数十人，随情各去，何乃有司征召③，一时普集！太子法服设乐以待之④，可乎？"因下诏曰："礼有等差，君臣不杂。皇太子虽居上嗣⑤，义兼臣子，而诸方岳牧正冬朝贺⑥，任土作贡⑦，别上东宫，事非典则，宜悉停断！"自是恩宠始衰，渐生猜阻。

注释

①张乐：奏乐。

②亶：音 dǎn。

③何乃：何故，为何。

④法服：古代根据礼法规定的不同等级的服饰，指正式的礼服。

⑤上嗣：君主的嫡长子。后指太子。

⑥岳牧：泛称封疆大吏。

⑦任土作贡：依据土地的具体情况，制定贡赋的品种和数量。

译　文

后遇冬至的时候，百官都到东宫谒见杨勇，杨勇让人奏乐，接受百官的庆贺。文帝知道了，问朝臣说："最近听说冬至那天内外百官朝见太子，这算是什么礼节？"太常少卿辛亶答道："百官见东宫是祝贺，不能说是朝见。"文帝说："庆贺冬至，那应该数十人随意地去，为什么这次却是有司征召，百官同时汇集东宫？太子穿着礼服，奏乐以待，这样是应该的么？"于是下诏说："礼节有不同，所以君臣分定不会混杂。皇太子虽然位居储君，但同时也是臣下，百官冬至朝贺进献礼品，拜见太子，不符合制度，应当就此停止！"自此文帝对太子的宠爱渐衰，也逐渐对他起了猜忌之意。

原　文

勇多内宠，昭训云氏尤幸^①。其妃元氏无宠，遇心疾^②，二日而薨，独孤后意有他故，甚责望勇。自是云昭训专内政，生长宁王俨、平原王裕、安成王筠；高良娣生安平王嶷、襄城王恪^③；王良媛生高阳王该、建安王韶；成姬生颍川王煚^④；后宫生孝实、孝范。后弥不平，颇遣人伺察，求勇过恶。

晋王广知之^⑤，弥自矫饰，唯与萧妃居处，后庭有子皆不育^⑥，后由是数称广贤。大臣用事者，广皆倾心与交。上及后每遣左右至广所，无贵贱，广必与萧妃迎门接引，为设美馔^⑦，申以厚礼。婢仆往来者，无不称其仁孝。上与后尝幸其第，广悉屏匿美姬于别室⑧，唯留老丑者，衣以缦彩⑨，给事左右；屏帐改用缣素⑩；故绝乐器之弦，不令拂去尘埃。上见之，以为不好声色，还宫，以语侍臣，意甚喜。侍臣皆称庆，由是爱之特异诸子。

隋纪

注　释

①昭训：皇太子侧室的名号，下文良娣、良媛也是。

②心疾：劳思、忧愤等引起的疾病。春秋秦医和所谓六疾之一。也指心脏病。

③嶷：音 yí。

④煛：音 jiǒng。

⑤晋王广：杨广，隋文帝杨坚次子，即隋炀帝，历史上著名的暴君。

⑥不育：不养育。

⑦馔：食物。

⑧屏匿：隐藏。

⑨缦彩：无花纹的丝织品。

⑩缣素：双丝织成的细绢。

译　文

太子杨勇有很多内宠，尤其宠幸昭训云氏。太子妃元氏不受宠爱，心疾发作，两天后就去世了。独孤皇后怀疑另有原因，责备杨勇。自此以后。云昭训主理东宫内政，生长宁王杨俨、平原王杨裕、安成王杨筠；高良娣生安平王杨嶷、襄城王杨恪；王良媛生高阳王杨该、建安王杨韶；成姬生颍川王杨煚；后宫生杨孝实、杨孝范。皇后更加不高兴，派了不少人侦察东宫，寻找杨勇的过错。

晋王杨广，很善于伪装，只和王妃萧氏住在一起，侧室生了孩子也都不养育，皇后因此屡次称道杨广贤德。凡是大臣中握有实权的，杨广都与他们倾心结交。文帝和独孤皇后每次派手下到杨广的住处，来往的婢女仆人无论贵贱，杨广必定和萧妃一起到门口迎接，准备丰盛的饮食，赠送厚礼。凡是去见过杨广的婢仆，无不称赞他的仁孝。文帝和皇后曾经临幸他的府第，杨广将美姬全都藏到别的房间，屋中只留下老丑的侍女，穿着朴素的衣服，侍奉左右；屏帐改用简单的缣素；故意将乐器的弦弄断，不让打扫上面的尘土。文帝见了，认为他不好声色，回宫以后转告侍臣，表现得非常欣喜。侍臣都向文帝庆贺，从此文帝对杨广的疼爱远远超过了其他儿子。

原 文

上密令善相者来和遍视诸子，对曰："晋王眉上双骨隆起，贵不可言。"上又问上仪同三司韦鼎："我诸儿谁得嗣位？"对曰："至尊、皇后所最爱者当与之，非臣敢预知也。"上笑曰："卿不肯显言邪[①]？"

注 释

①显言：明白说出。

文帝私下让善看相的来和为所有皇子看相，来和说："晋王杨广眉上双骨隆起，贵不可言。"文帝又问上仪同三司韦鼎："我诸多儿子中谁可以继承皇位？"韦鼎答道："陛下和皇后最喜爱谁，就应该叫谁继承，这不是臣下能够预知的。"文帝笑着说："你不肯明说么？"

原　文

晋王广美姿仪，性敏慧，沉深严重；好学，善属文①；敬接朝士，礼极卑屈，由是声名籍甚②，冠于诸王。

注　释

①属文：撰写文章。

②籍：声名盛大。

译　文

晋王杨广仪表出众，生性聪慧，为人深沉持重；好学，善于写文章；和朝士来往时礼节极其周到，因此声名盛大，在诸王中最好。

原　文

广为扬州总管，入朝，将还镇，入宫辞后，伏地流涕，后亦潸然泣下①。广曰："臣性识愚下，常守平生昆弟之意②，不知何罪失爱东宫，恒蓄成怒，欲加屠陷。每恐谗潜生于投杼③，鸩毒遇于杯勺④，是用勤忧积念，惧履危亡。"后忿然曰："睍地伐渐不可耐⑤，我为之娶元氏女，竟不以夫妇礼待之。专宠阿云，使有如许豚犬⑥。前新妇遇毒而夭⑦，我亦不能穷治⑧，何故复于汝发如此意？我在尚尔，我死后，当鱼肉汝乎⑨！每思东宫竟无正嫡，至尊千秋万岁之后，遣汝等兄弟向阿云儿前再拜问讯，此是几许苦痛邪！"广又拜，呜咽不能止，后亦悲不自胜。自是后决意欲废勇立广矣。

注释

①泫然：流泪貌。

②昆弟：兄弟。

③谗谮生于投杼：春秋时，有个和曾参同名的人杀了人，有人告诉曾参的母亲，说曾参杀了人。起初曾母不信，但第三人来告诉她的时候，她扔下手里织布的梭子就逃走了。用来比喻流言可畏或诬枉之祸。典出《战国策·秦策二》。谮，恶言中伤。杼，梭子。

④鸩：传说中的一种毒鸟，把它的羽毛放在酒里，可以毒杀人。

⑤睍地伐：太子杨勇的小名。

⑥豚犬：蔑称不成器的儿子。

⑦新妇：称儿媳。

⑧穷治：追究。

⑨鱼肉：侵害，摧残。

译文

　　杨广任扬州总管，入朝，即将还镇扬州，入宫辞别皇后的时候，伏地流泪，皇后也流泪。杨广说："臣性情愚笨，但一直安守兄弟之意，不知犯了什么过错失爱于东宫，常常含着怒气，想要陷害我。每每担心他在母后面前说我坏话，也担心会在杯勺中对我下毒，因此一直都不停地忧虑，害怕遇到危险。"皇后愤怒地说："睍地伐越来越让人受不了了，我为他娶了元氏女，他竟不以夫妇之礼相待，专宠阿云，生了这许多不成器的孩子。前些日子太子妃被毒而死，我一时也不能追究，怎么又对你生出这样歹毒的念头？我在他都敢这样，我死后，一定会把你们当作鱼肉来宰割！每次想起东宫竟没有嫡长子，陛下千秋万岁之后，要让你们兄弟在阿云的儿子前行礼问安，真是太痛苦了！"杨广再拜，呜咽不能停止，皇后也非常伤心。自此皇后决定要废黜太子杨勇改立杨广。

原文

　　广与安州总管宇文述素善[1]，欲述近己，奏为寿州刺史。广尤亲任总管司马张衡[2]，衡为广画夺宗之策[3]。广问计于述，述曰："皇太子失爱已久，令德不闻于天下。大王仁孝著称，才能盖世，数经将领，频有大功，主上之与内宫，咸所钟爱，四海之望，实归大王。然废立者国家大事，处人父子骨肉之间，诚未易谋也。然能移主上意者，唯杨素耳[4]，素所与谋者唯其弟约。述雅知约，请朝京师，与约相见，共图之。"广大悦，多赉金宝⑤，资述入关。

注释

①安州：治所在今湖北安陆。总管：武官名。隋代至唐代初在各州设总管，边镇和大州设大总管，为地方军政长官。宇文述：鲜卑族，隋朝名将。

②总管司马：总管属官。张衡：杨广心腹。

③画：计划，谋划。

④杨素：隋朝著名将相。在文帝废立太子事件中，杨素是举足轻重的人物。

⑤赉：携带。

译文

杨广和安州总管宇文述向来交好，想要他为自己所用，奏请任命他为寿州刺史。杨广尤其信任总管司马张衡，张衡为杨广谋划

▲ 杨 坚

了夺嫡之策。杨广向宇文述问计，宇文述说："皇太子失宠已久，天下人也没听说他有什么好的德行和名声。而大王则以仁孝著称，才能盖世，数度领兵出征，不断建有大功，受到陛下和皇后的一致钟爱，天下人的希望都归于大王。但是废立太子是国家大事，这关系到父子骨

肉之间，实在不是一件容易谋划的事。但是如今能让陛下改变主意的，只有杨素一个人，能够和杨素谈论大事的又只有其弟杨约。我和杨约一向交往密切，请大王让我到京师朝见时，与杨约相见，共同图谋此事。"杨广大喜，让宇文述携带了许多金银珠宝入朝。

原　文

约时为大理少卿①，素凡有所为，皆先筹于约而后行之②。述请约，盛陈器玩，与之酣畅，因而共博③。每阳不胜④，所赍金宝尽输之约。约所得既多，稍以谢述。述因曰："此晋王之赐，令述与公为欢乐耳。"约大惊曰："何为尔？"述因通广意，说之曰⑤："夫守正履道，固人臣之常致；反经合义⑥，亦达者之令图⑦。自古贤人君子，莫不与时消息以避祸患⑧。公之兄弟，功名盖世，当途用事有年矣，朝臣为足下家所屈辱者，可胜数哉！又，储后以所欲不行，每切齿于执政⑨；公虽自结于人主，而欲危公者固亦多矣！主上一旦弃群臣⑩，公亦何以取庇！今皇太子失爱于皇后，主上素有废黜之心，此公所知也。今若请立晋王，在贤兄之口耳。诚能因此时建大功，王必永铭骨髓，斯则去累卵之危⑪，成太山之安也⑫。"约然之，因以白素。素闻之，大喜，抚掌曰："吾之智思，殊不及此，赖汝启予。"约知其计行，复谓素曰："今皇后之言，上无不用，宜因机会早自结托，则长保荣禄，传祚子孙⑬。兄若迟疑，一旦有变，令太子用事，恐祸至无日矣！"素从之。

注释

①大理少卿：掌刑法的官员。

②筹：想办法，定计划。

③博：古代的一种棋戏，后来泛指赌博。

④阳：佯装，假装。

⑤说之：劝说他。

⑥反经合义：虽违背常道，但仍合于义理。

⑦令图：善谋，远大的谋略。

⑧与时消息：指事物无常，随时间的推移而兴盛衰亡。

⑨执政：宰相。

⑩弃群臣：皇帝去世。

⑪累卵之危：像垒起来的鸡蛋那样危险的局面。

⑫太山：即泰山。

⑬传祚：流传后世。

译文

杨约当时任大理少卿，杨素凡有所为，都会先和他商量妥当之后再去施行。宇文述邀请杨约，把器玩全都摆了出来，和他畅饮，然后对赌。宇文述经常假装不胜，将所携带的金宝全都输给了杨约。杨约所得既多，于是向宇文述表示感谢。宇文述就对他说："这些都是晋王之赐，晋王吩咐我陪您高兴高兴罢了。"杨约大惊说："他想做什么？"宇文述借此机会将杨广的意思告诉了他，劝说他道："遵循正道，固然是人臣的常理；但另一方面，即使违

背常道，却仍合于义理，也不失为通达者远大的谋略。自古贤人
君子，无不根据事物的变化而变化，以期趋避祸患。足下兄弟，
功名盖世，执政当权已经很久了，足下家所得罪的朝臣数不胜
数！而且，太子因为所求经常被阻，每每切齿痛恨执政；您虽然
跟随陛下，但是那些想要扳倒你们的臣子实在也不少啊！陛下一
旦离世，抛弃群臣，您又想从哪里求得庇佑呢？如今皇太子失宠
于皇后，陛下一直有废黜之心，这些都是您知道的事。现在请立
晋王，不过是令兄一句话的事罢了。要是能够在这个时候立下大
功，晋王必定永远铭记在心，这样的话对足下兄弟而言，也就去
掉了如累卵一样的危难，成就此后稳固如泰山的权势。"杨约觉得
他说得有理，就转告了杨素。杨素听到后大喜，拍手道："我的智
慧还想不到此处，幸亏有你启发了我。"杨约知道计划可行了，又
对杨素说："当今皇后所说的话，陛下无不听从，应当找机会早早
跟皇后接近，事成之后才可以长保荣禄，传给子孙后世。兄长如
果迟疑，一旦局势有变，陛下让太子掌权，恐怕大祸就要来了。"
杨素听从了他的话。

原　文

　　勇颇知其谋，忧惧，计无所出，使新丰人王辅贤造诸厌胜①；又
于后园作庶人村，室屋卑陋，勇时于中寝息，布衣草褥，冀以当之。
上知勇不自安，在仁寿宫，使杨素观勇所为。素至东宫，偃息未入②，
勇束带待之，素故久不进，以激怒勇；勇衔之③，形于言色。素还言：
"勇怨望，恐有他变，愿深防察！"上闻素谮毁，甚疑之。后又遣人伺

觇东宫④，纤介事皆闻奏⑤，因加诬饰以成其罪。

①厌胜：也作压胜，指以迷信的方法如符咒等，镇服或驱避可能出现的灾祸，或致灾祸于人。

②偃息：止息，停止。

③衔之：怀恨在心。

④伺觇：暗中窥视守候。

⑤纤介：细微。

译　文

太子杨勇也了解他们的谋划，很担心害怕，不知应该如何是好，就派新丰人王辅贤施用厌胜的方法；又在后园建造庶人村，屋宇简陋，杨勇常在其中休息，布衣草褥，希望用这样的办法避祸。文帝知道了杨勇内心的不安，在仁寿宫派杨素侦察杨勇的所作所为。杨素到了东宫门口，就停下来不进去，杨勇衣冠整齐地等着，杨素故意很久都不进去，以激怒杨勇；杨勇果然怀恨在心，并且表现在言语和神色上。杨素回去禀报文帝："太子杨勇怨望，恐怕还会有别的变故，愿陛下小心探察和防范。"文帝听到杨素说的坏话，更怀疑太子。后来又派人暗中查看东宫，所有细微的小事都向皇帝奏报，夸大捏造，以罗织其罪。

原　文

上遂疏忌勇，乃于玄武门达至德门量置候人①，以伺动静，皆随事奏闻。又，东宫宿卫之人，侍官以上②，名籍悉令属诸卫府，有勇健者咸屏去之③。出左卫率苏孝慈为淅州刺史④，勇愈不悦。太史令袁充言于上曰⑤："臣观天文，皇太子当废。"上曰："玄象久见，群臣不敢言耳。"

注　释

①玄武门：皇宫正北门。至德门：皇宫东北门。量置：酌量安置。候人：斥候，军中侦伺敌情者。

②侍官：在宫廷中轮番宿卫的军士。

③屏去：退除，除却。

④左卫率：统带东宫侍卫的武职官员。淅州：今河南淅川。

⑤太史令：官名，掌管起草文书，记载史事、天文历法、祭祀等。

译　文

文帝于是疏远怀疑杨勇，在玄武门到至德门之间设置候人，以侦伺太子动静，随时奏闻。另外，东宫宿卫中侍官以上的人员，名籍都要报到诸卫府，其中勇健的全都调走。又将左卫率苏孝慈调出为淅州刺史，太子杨勇更加不高兴。太史令袁充上奏文帝说："臣观天文，皇太子当废。"文帝说："天象早就已经出现了，群臣不敢明言而已。"

原　文

晋王广又令督王府军事姑臧段达私赂东宫幸臣姬威①，令伺太子动静，密告杨素。于是内外喧谤②，过失日闻。段达因胁姬威曰："东宫过失，主上皆知之矣。已奉密诏，定当废立；君能告之，则大富贵！"威许诺，即上书告之。

注释

①督王府军事：掌管王府军事的官员。姑臧：今甘肃武威。

②喧谤：大声指责。

译文

晋王杨广又让督王府军事姑臧人段达私下贿赂东宫宠臣姬威，要她察看太子动静，密告杨素。于是朝野内外，诽谤声四起。段达要挟姬威说："东宫的过失，陛下全都知道了。已经有了密诏，定当废立；如果你能告发太子，一定可以获取大富贵。"姬威答应了，立即上书告发了太子。

原文

秋，九月，壬子，上至自仁寿宫。翌日，御大兴殿，谓侍臣曰："我新还京师，应开怀欢乐，不知何意翻邑然愁苦①！"吏部尚书牛弘对曰②："臣等不称职，故至尊忧劳。"上既数闻谮毁，疑朝臣悉知之，故于众中发问，冀闻太子之过。弘对既失旨，上因作色，谓东宫官属曰："仁寿宫此去不远，而令我每还京师，严备仗卫，如入敌国。我为下利③，不解衣卧。昨夜欲近厕，故在后房恐有警急，还移就前殿，岂非尔辈欲坏我家国邪？"于是执太子左庶子唐令则等数人付所司讯鞫④；命杨素陈东宫事状以告近臣。

隋
纪

注释

①邑然：忧闷不安的样子。

②吏部尚书：吏部长官，掌官员升迁、任免。

③下利：同"下痢"，拉肚子。

④太子左庶子：东宫属官。讯鞫：同"讯鞠"，审讯。

译文

秋季，九月壬子日，文帝自仁寿宫出发到了长安。第二天，驾临大兴殿，对侍臣说："我刚刚回到京师，本应当开怀欢乐，但不知怎么反而忧闷愁苦。"吏部尚书牛弘答道："臣等不称职，所以导致陛下忧劳。"文帝已经听到很多诬陷太子的话，疑心朝臣也都知道了，故而在群臣中发问，希望能够听到有关太子的过失。牛弘的应对不合文帝的心意，文帝变了脸色，对东宫官属说："仁寿宫离此不远，却令我每次回京师，都要侍卫谨严，如入敌国。我因为得了痢疾，不解衣休息。昨夜想要入厕，担心在后房会有警急，还是移到了前殿，这难道不是你们这些人想要败坏我们的家国么？"于是捉拿太子左庶子唐令则等数人交付所司审讯；命杨素陈述东宫事状以告近臣。

原文

素乃显言之曰："臣奉敕向京，令皇太子检校刘居士余党①。太子奉诏，作色奋厉②，骨肉飞腾③，语臣云：'居士党尽伏法，遣我何处穷讨！尔作右仆射，委寄不轻，自检校之，何关我事！'又云：'昔大事不遂，我先被诛；今作天子，竟乃令我不如诸弟，一事以上，不得自遂！'因长叹回视云：'我大觉身妨④。'"上曰："此儿不堪承嗣久矣，皇后恒劝我废之。我以布衣时所生，地复居长，望其渐改，隐忍至今。勇尝指皇后侍儿谓人曰：'是皆我物。'此言几许异事！其妇初亡，我深疑其遇毒，尝责之，勇即怼曰⑤：'会杀元孝矩⑥。'此欲害我而迁怒耳。长宁初生⑦，朕与皇后共抱养之，自怀彼此，连遭来索。且云定兴女，在外私合而生，想此由来，何必是其体胤⑧！昔晋太子取屠家女，其儿即好屠割。今傥非类，便乱宗祐⑨。我虽德惭尧、舜，终不以万姓付不肖子！我恒畏其加害，如防大敌，今欲废之以安天下！"

注 释

①检校：调查。刘居士：上柱国彭公刘昶之子刘居士，在东宫掌管皇太子宿卫，为七品官。刘居士不守朝廷法度，屡次犯罪，文帝由于刘昶的缘故，每次都宽宥了他。于是刘居士有恃无恐，党羽有三百人，他们无故殴打路人，侵夺财物，为非作歹，甚至于连公卿大臣、后妃公主也都不敢和他们计较。后来有人上告说刘居士图谋不轨，文帝下令将刘居士斩首，很多公卿子弟受到牵连而被除名为民。

②作色奋厉：神情凌厉凶狠。

③骨肉飞腾：形容太子暴跳如雷、激动愤怒的样子。

④妨：妨碍，受限。

⑤怼：怨恨。

⑥元孝矩：隋臣，太子妃元氏父亲。

⑦长宁：太子勇的长子长宁王俨，云昭训所出。

⑧体胤：亲生的后代。

⑨宗祏：宗庙中藏神主的石室。亦借指宗庙、宗祠。

译文

杨素于是明确地说："臣奉敕来京，令皇太子追查刘居士余党。太子奉诏之后，神色凌厉，非常愤怒地对臣说：'刘居士党羽已经全都伏法，让我还去哪里追讨？你作为右仆射，身负重任，自己应该去追查此事，与我有什么相干！'又说：'当年以隋代周，如果大事不遂，我就会先被杀；如今做天子，竟然令我的处境还不如诸弟，每件事都不能自己做主。'又长叹回顾说：'我实在是觉得自身处处受到妨碍。'文帝说："此儿不能胜任太子之位已经很久了，皇后也一直劝我废黜他。我念着他是我布衣时所生，又居嫡长，希望他渐渐改过，所以才隐忍至今。杨勇曾经指着皇后侍儿对人说：'这些将来都是我的。'这句话很奇怪。其妇刚去世时，我很怀疑是被他毒死的，曾经责备过他，杨勇就怨恨地说：'早晚我要杀掉元孝矩。'这明明是想要害我而迁怒的。长宁王刚生下的时候，朕与皇后一起抱养他，他自己心里分别彼此，连连派人来要回去。然而此子是他和云定兴之女在外私合而生的，这样的出身想来未必是真正的皇室血脉。昔日晋太子娶了屠家女，其儿就爱好屠割。倘若长宁王并非太子后代，便是混乱宗室。我虽然没有尧、舜那样的德行，但终究不会将百姓交付给不肖子。我一直以来怕他加害，如防大敌，如今想废黜太子以安天下。"

原文

左卫大将军五原公元旻谏曰①："废立大事，诏旨若行，后悔无及。谗言罔极②，惟陛下察之。"

注释

①左卫大将军：禁军大将军之一。旻：音 mín。

②罔极：无穷尽。

译文

左卫大将军五原公元旻劝谏说："废立大事，诏旨一旦颁布，后悔就来不及了。谗言无穷尽，陛下一定要明察秋毫。"

原文

上不应，命姬威悉陈太子罪恶。威对曰："太子由来与臣语，唯意在骄奢，且云：'若有谏者，正当斩之，不杀百许人，自然永息。'营起台殿，四时不辍①。前苏孝慈解左卫率，太子奋髯扬肘曰②：'大丈夫会当有一日，终不忘之，决当快意。'又宫内所须，尚书多执法不与，辄怒曰：'仆射以下，吾会戮一二人，使知慢我之祸。'每云：'至尊恶我多侧庶，高纬、陈叔宝岂孽子乎③？'尝令师姥卜吉凶④，语臣云：'至尊忌在十八年，此期促矣⑤。'"上泫然曰："谁非父母生，乃至于此！朕近览《齐书》，见高欢纵其儿子，不胜忿愤，安可效儿邪！"于是禁勇及诸子，部分收其党与。杨素舞文巧诋⑥，锻炼以成其狱⑦。

注释

①辍：停止。

②奋髯：抖动胡须。激愤或激昂貌。扬肘：挥舞手臂。

③高纬、陈叔宝：分别为北齐、陈朝的亡国之君。孽子：庶出之子。

④师姥：巫婆。

⑤促：快到了，逼近。

⑥舞文巧诋：罗织罪名，蓄意毁谤。

⑦锻炼：罗织罪状，陷人于罪。

译文

文帝不听，让姬威陈述太子的所有罪恶。姬威说："太子从来和臣所说的话，都是相当骄奢的。他说：'如有劝谏者，就应当处死，不必等到杀百来人，进谏的自然都不敢出现了。'营建台殿，一年四季不停止。之前苏孝慈从左卫率解任，太子抖动胡须，挥舞手臂，很激愤地说：'大丈夫总会有一天扬眉吐气，总不会忘记今日之事，到时候就可以顺着我的心意了。'又宫内所需的东西，尚书大多遵守法度不肯给，太子就发怒说：'仆射以下，我早晚杀一二人，让他们知道轻慢我的坏处。'经常说：'陛下讨厌我多内宠和庶子，可是像高纬、陈叔宝这些亡国之君又何尝不是嫡子！'曾经让巫婆为他占卜吉凶，对我说：'陛下忌在十八年，日子就快到了。"文帝流泪说："谁不是父母所生的，竟做出这样的事来！朕最近看《齐书》，见高欢放纵其子，觉得不胜愤怒，这样的事怎么能效仿呀！"于是软禁杨勇及诸子，收捕其部分党羽。杨素罗织罪名，蓄意毁谤，以兴起大狱。

原文

居数日，有司承素意，奏元旻常曲事于勇①，情存附托；在仁寿宫，勇使所亲裴弘以书与旻，题云："勿令人见。"上曰："朕在仁寿宫，有纤介事，东宫必知，疾于驿马。怪之甚久，岂非此徒邪！"遣武士执旻于仗。右卫大将军元胄时当下直②，不去，因奏曰："臣向不下直者，为防元旻耳。"上以旻及裴弘付狱。

注释

①曲事：曲意奉事。

②右卫大将军：禁军大将之一。下直：在宫中当直结束，下班。

译文

过了几天，有司承杨素意旨，奏元旻曲意奉事杨勇，有依附之意；在仁寿宫，杨勇派亲信裴弘送信给元旻，上题："勿令人见。"文帝说："朕在仁寿宫，有任何小事，东宫必定知道，比驿马传报的还要快。我已经长久都觉得奇怪了，难道不是这些家伙做的吗？"派武士从仪仗中捉拿元旻。右卫大将军元胄当时应当下班了，却不肯离去，于是上奏说："臣向来不下班就是为了防范元旻。"文帝将元旻和裴弘下狱。

先是，勇见老枯槐，问："此堪何用？"或对曰："古槐尤宜取火。"时卫士皆佩火燧①，勇命工造数千枚，欲以分赐左右；至是，获于库。又药藏局贮艾数斛②，索得之，大以为怪，以问姬威，威曰："太子此意别有所在，至尊在仁寿宫，太子常饲马千匹，云：'径往守城门，自然饿死。'"素以威言诘勇，勇不服，曰："窃闻公家马数万匹，勇忝备太子③，马千匹，乃是反乎！"素又发东宫服玩，似加琱饰者④，悉陈之于庭，以示文武群官，为太子之罪。上及皇后迭遣使责问勇，勇不服。

注释

①火燧：引火之物。

②艾：草本植物，叶子有香气，可做药，点着后烟能熏蚊蝇；还可制艾绒，是灸法治病的燃料。斛：古量器名，也是容量单位，十斗为一斛。

③忝：羞辱，愧对。表示愧于进行某事。

④琱：治玉，引申为雕刻、刻镂；或指用彩绘装饰。

译文

先前杨勇见老枯槐，问："这能做什么用？"有人说："古槐最适宜取火。"当时卫士都随身带着火燧，杨勇让工匠将枯槐分成数千枚，想要分赐左右；这些东西此时在东宫的库房里都找到了。太子又在药藏局储藏了数斛艾，臣发现之后觉得非常奇怪，就问姬威，姬威说："太子别有用意，陛下在仁寿宫，太子常养马千匹，说：'只守着城门，自然饿死。'"杨素用姬威的话质问杨勇，杨勇不服，说："我也听说过你家里马数万匹，杨勇不才，身为太子，养马千匹就是谋反吗？"杨素又找出东宫服饰玩器，加以彩绘装饰的全部陈列于庭，以示文武群官，就以此为太子之罪。文帝和皇后多次派人责问杨勇，杨勇不服。

原文

冬，十月，乙丑，上使人召勇。勇见使者，惊曰："得无杀我邪①？"上戎服陈兵，御武德殿，集百官立于东面，诸亲立于西面，引勇及诸子列于殿庭，命内史侍郎薛道衡宣诏②，废勇及其男、女为王、公主者，并为庶人。勇再拜言曰："臣当伏尸都市③，为将来鉴戒；幸蒙哀怜，得全性命！"言毕，泣下流襟，既而舞蹈而去，左右莫不闵默④。长宁王俨上表乞宿卫，辞情哀切，上览之闵然⑤。杨素进曰："伏望圣心同于螫手⑥，不宜复留意。"

注释

①得无：也作"得毋""得微"，能不，岂不是。

②内史侍郎：即内史省长官的副职。薛道衡：著名诗人，历仕北齐、北周、隋。

③伏尸都市：在法场上被处死。

④闵默：忧郁不语。

⑤闵然：忧伤貌。

⑥螫手：比喻为了顾全大局而忍痛牺牲局部。

译 文

冬季，十月乙丑日，文帝派人召杨勇。杨勇看到使者，惊道："不是来杀我的吧？"文帝穿着军服，带来禁军，亲自到武德殿，召集百官立于东面，宗室立于西面，引杨勇及其子女列于殿庭，命内史侍郎薛道衡宣诏，废杨勇，其为王、为公主的儿女们，一律贬为庶人。杨勇再拜说："臣本当被处死，以当作将来的鉴戒；幸而蒙陛下哀怜，我才得以保全性命。"说完，泪下衣襟，过了片刻，拜舞而去，左右都很难过。长宁王杨俨上表请求留京担任宿卫，言辞哀伤恳切，文帝看了很伤心。杨素进言："希望圣心能够顾全大局，不应该再留意这些小事情了。"

原 文

己巳，诏："元旻、唐令则及太子家令邹文腾、左卫率司马夏侯福、典膳监元淹、前吏部侍郎萧子宝、前主玺下士何竦并处斩①，妻妾子孙皆没官。车骑将军榆林阎毗、东郡公崔君绰、游骑尉沈福宝、瀛州术士章仇太翼②，特免死，各杖一百，身及妻子、资财、田宅皆没官。副将作大匠高龙叉、率更令晋文建、通直散骑侍郎元衡皆处尽③。"于是集群官于广阳门外，宣诏戮之。乃移勇于内史省，给五品料食。赐杨素物三千段，元胄、杨约并千段，赏鞫勇之功也。

十一月，戊子，立晋王杨广为皇太子。

注释

①太子家令：管理东宫事务的属官。

②榆林：今内蒙古托克托。游骑尉：武职散官。

③副将作大匠：将作大匠的副手，掌营造。率更令：官名，为太子属官。唐时掌宫殿门户、赏罚之事，以及皇族次序、刑法事。

译文

己巳日下诏："元旻、唐令则及太子家令邹文腾、左卫率司马夏侯福、典膳监元淹、前吏部侍郎萧子宝、前主玺下士何竦一起处斩，妻妾子孙没官。车骑将军榆林人阎毗、东郡公崔君绰、游骑尉沈福宝、瀛州术士章仇太翼，特免死，各杖一百，自身和妻子、资财、田宅都没官。副将作大匠高龙叉、率更令晋文建、通直散骑侍郎元衡皆处其罪使自尽。"于是召集群官于广阳门外，宣诏然后行刑。将杨勇移到内史省，供给五品食料。赐杨素物三千段，元胄、杨约并千段，以奖赏审讯杨勇的功劳。

十一月戊子日，文帝立晋王杨广为皇太子。

原文

帝囚故太子勇于东宫，付太子广掌之。勇自以废非其罪，频请见上申冤，而广遏之不得闻。勇于是升树大叫，声闻帝所，冀得引见。杨素因言勇情志昏乱，为癫鬼所著①，不可复收。帝以为然，卒不得见。

①癫鬼：使人癫狂的鬼祟。

译 文

　　文帝将前太子杨勇囚禁在东宫，交由太子杨广管制。杨勇认为自己无罪，被无辜地废黜了，所以屡次请见文帝伸冤，杨广加以阻止，使文帝听不到这些事。杨勇于是爬到树上大叫，声音传到文帝所在的地方，希望得以进见。杨素趁势说杨勇心志昏乱，就像被癫鬼附体一样，无药可救。文帝信以为真，杨勇最终还是不得召见。

唐 纪

玄武门之变

初，齐王元吉劝太子建成除秦王世民[1]，曰："当为兄手刃之!"世民从上幸元吉第，元吉伏护军宇文宝于寝内[2]，欲刺世民；建成性颇仁厚，遽止之。元吉愠曰[3]："为兄计耳，于我何有!"

①齐王元吉劝太子建成除秦王世民：唐高祖李渊四子，长子建成，次子世民，三子元霸早逝，四子元吉。建成被立为太子，和齐王元吉关系友善。

②护军：唐初秦王府和齐王府各置左右六府护军，武职。

③愠：含怒，生气。

当初，齐王李元吉曾经劝太子李建成除掉秦王李世民，他说："我定当为兄长亲手杀掉他!"李世民跟高祖李渊驾临元吉府第，李元吉派护军宇文宝埋伏在卧室里，想趁机刺杀李世民；李建成为人仁厚，马上阻止了他。李元吉发怒，说："这都是为兄长打算罢了，又关我什么事呢！"

原文

建成擅募长安及四方骁勇二千余人为东宫卫士，分屯左、右长林①，号长林兵；又密使右虞侯率可达志从燕王李艺发幽州突骑三百②，置东宫诸坊③，欲以补东宫长上④，为人所告。上召建成责之，流可达志于巂州⑤。

注释

①屯：驻军防守。左、右长林：长林门，太极宫东宫的宫门。

②右虞侯：东宫官属，掌警卫伺查。突骑：精锐骑兵。

③坊：官署。

④长上：武官名。唐时九品，其职为守边和宿卫宫禁。

⑤巂州：今四川西昌地区。

译文

太子李建成擅自招募了长安和各地的骁勇之士二千余人为东宫卫士，分别驻守在左、右长林门，称为长林兵；又秘密地派了右虞侯率可达志从燕王李艺那里征发的幽州三百精锐骑兵，安置在东宫诸坊，想将这些骑兵补充为东宫长上，被人告发。高祖责备李建成，将可达志流放到巂州。

少
年
读
资
治
通
鉴

原 文

　　杨文幹尝宿卫东宫，建成与之亲厚，私使募壮士送长安。上将幸仁智宫，命建成居守，世民、元吉皆从。建成使元吉就图世民^①，曰："安危之计，决在今岁！"又使郎将尔朱焕、校尉桥公山以甲遗文幹^②。二人至豳州^③，上变，告太子使文幹举兵，使表里相应；又有宁州人杜凤举亦诣宫言状^④。上怒，托他事，手诏召建成，令诣行在^⑤。建成惧，不敢赴。太子舍人徐师暮劝之据城举兵^⑥；詹事主簿赵弘智劝之贬损车服^⑦，屏从者，诣上谢罪，建成乃诣仁智宫。未至六十里，悉留其官属于毛鸿宾堡^⑧，以十余骑往见上，叩头谢罪，奋身自掷^⑨，几至于绝。上怒不解，是夜，置之幕下，饲以麦饭，使殿中监陈福防守^⑩，遣司农卿宇文颖驰召文幹^⑪。颖至庆州^⑫，以情告之，文幹遂举兵反。上遣左武卫将军钱九陇与灵州都督杨师道击之^⑬。

注 释

①图：图谋。

②郎将：武官名。秦置，主宿卫、车骑。校尉：为武散官低品官号。

③豳州：今陕西彬县。

④宁州：今甘肃宁县。

⑤行在：皇帝所在的地方。

⑥太子舍人：东宫属官，掌文书。

⑦詹事主簿：东宫属官，类似于秘书官。

⑧毛鸿宾堡：今陕西淳化西。

⑨奋身自掷：以头碰地，表示自责之意。

⑩殿中监：殿中省长官，多以皇帝之亲戚、贵臣担任，掌管皇帝生活起居之事。

⑪司农卿：官名，掌国家仓廪。

⑫庆州：今甘肃庆阳。

⑬左武卫将军：唐代十二卫中之一。灵州：治所在今宁夏灵武。都督：军事长官。

译文

杨文幹曾经担任东宫侍卫，李建成和他关系亲厚，悄悄地派他招募壮士送到长安。高祖将往仁智宫，命李建成留守长安，李世民、李元吉随驾。李建成让李元吉图谋除去李世民，说："安危之计，就决定在今年了！"又派郎将尔朱焕、校尉桥公山将盔甲送给杨文幹。二人到了豳州，就向皇帝禀报了太子的图谋，告发太子派杨文幹起兵，和太子内外呼应；又有宁州人杜风举也到仁智宫举报太子的事。高祖大怒，借口别的事，下手诏召见李建成，让他到仁智宫来。李建成害怕，不敢去。太子舍人徐师謩劝他干脆占据长安城起兵；詹事主簿赵弘智则劝他不用车马，贬损服饰，不带随从，单独进见皇帝谢罪，于是李建成赶去仁智宫。还没走到六十里，太子就将官属全部留在毛鸿宾堡，只带了十余人骑马去见皇帝，向皇帝磕头请罪，拼命磕头表自责之意，几乎要没命了。高祖怒气不消，当夜，将太子安顿在幕下，供应粗糙的麦饭，派殿中监陈福防守，又派司农卿宇文颖驰召杨文幹。宇文颖到了庆州，将太子的情况告诉了杨文幹，杨文幹就起兵造反。高祖派左武卫将军钱九陇与灵州都督杨师道迎战。

原文

甲子，上召秦王世民谋之，世民曰："文幹竖子①，敢为狂逆，计府僚已应擒戮；若不尔，正应遣一将讨之耳。"上曰："不然。文幹事连建成，恐应之者众。汝宜自行，还，立汝为太子。吾不能效隋文帝自诛其子，当封建成为蜀王。蜀兵脆弱，他日苟能事汝，汝宜全之；不能事汝，汝取之易耳！"

注释

①竖子：小子。詈词。

译文

甲子日，高祖召秦王李世民商议杨文幹叛乱之事，李世民说："杨文幹这小子，竟然敢犯下这样狂妄谋逆的事，想来他手下的属员应当已经将他捉拿或是杀死了；如果不是这样，那么朝廷就应该派一员将领讨伐他。"高祖说："不是这样的。杨文幹的事牵连着建成，恐怕响应的人很多。你应该自己出征讨伐，得胜回朝，我就立你做太子。我不能效法隋文帝诛杀其子，到时候封建成为蜀王。蜀兵脆弱不善征战，这样的话，将来他要是能够忠心事你为主，你就应当保全他；如果他做不到忠心事你为主，你也容易制服他。"

原 文

上以仁智宫在山中，恐盗兵①猝发，夜，帅宿卫南出山外，行数十里。东宫官属将卒继至者，皆令三十人为队，分兵围守之。明日，复还仁智宫。

注 释

①盗兵：叛兵。

译 文

高祖因为仁智宫地处山中，担心有叛军猝然发难，夜里率宿卫向南走出山外，行进了几十里。东宫官属和将卒相继跟来的，一律编为三十人一队，分兵包围起来防守。第二天，高祖再回到仁智宫。

原 文

世民既行，元吉与妃嫔更迭为建成请，封德彝复为之营解于外①，上意遂变，复遣建成还京师居守。惟责以兄弟不睦，归罪于太子中允王珪、左卫率韦挺、天策兵曹参军杜淹②，并流于嶲州。挺，冲之子也。初，洛阳既平，杜淹久不得调，欲求事建成。房玄龄以淹多狡数，恐其教导建成，益为世民不利，乃言于世民，引入天策府。

注 释

①营解：营救。

②太子中允：东宫属官。王珪：贞观名臣。天策兵曹参军：秦

王的天策上将府属官。

李世民出征以后，李元吉与后宫妃嫔都相继为李建成求情，封德彝又在外面营救他，高祖的想法就改变了，重新派李建成返回长安留守。只是责备他与兄弟不和，归罪于太子中允王珪、左卫率韦挺、天策兵曹参军杜淹，将他们流放到巂州。韦挺是韦冲之子。起初，洛阳平定以后，杜淹很久都不得调任，想侍奉李建成。房玄龄认为杜淹狡猾多计，担心他教唆李建成，对李世民更加不利，于是就向李世民进言，将杜淹引入天策府。

原 文

上校猎城南，太子、秦、齐王皆从，上命三子驰射角胜①。建成有胡马，肥壮而喜蹶②，以授世民曰："此马甚骏，能超数丈涧③。弟善骑，试乘之。"世民乘以逐鹿，马蹶，世民跃立于数步之外，马起，复乘之。如是者三，顾谓宇文士及曰："彼欲以此见杀，死生有命，庸何伤乎？"建成闻之，因令妃嫔谮之于上曰④："秦王自言，我有天命，方为天下主，岂有浪死⑤！"上大怒，先召建成、元吉，然后召世民人，责之曰："天子自有天命，非智力可求，汝求之一何急邪！"世民免冠顿首，请下法司案验。上怒不解，会有司奏突厥入寇，上乃改容，劳勉世民，命之冠带，与谋突厥。闰月，己未，诏世民、元吉将兵出豳州以御突厥，上饯之于兰池⑥。上每有寇盗，辄命世民讨之；事平之后，猜嫌益甚。

注释

①角胜：争胜负。

②蹶：颠覆。

③超：越过。涧：山间流水的沟。

④谮：无中生有地说人坏话。

⑤浪死：徒然死去，白白送死。

⑥兰池：在今陕西咸阳东。

译文

　　高祖到城南打猎，太子李建成、秦王李世民、齐王李元吉都跟随在旁，高祖下令三人比赛骑射以决胜负。李建成有匹胡马，肥壮但喜欢将人甩下来，李建成将这匹马交给李世民说："这马很神骏，能跃过数丈宽的水沟。二弟善骑，试着骑骑看。"李世民骑马逐鹿，马颠覆人，李世民一跃而起，跃出几步远站稳，等马安静下来，再骑上去。这样好几次，李世民回头对宇文士及说："他们想用这种方法来杀我，可是死生有命，又怎么能伤害到我呢？"李建成听说了，就让妃嫔对高祖说他的坏话："秦王自己说，我有天命，将来要成为天下之主，怎么会就这样白白死去？"高祖大怒，先召见李建成、李元吉，

▲ 李世民

然后召李世民进见，责备他说："天子自有天命，不是靠智慧和勇武就可以求来的，你也未免太着急了吧！"李世民摘去帽子磕头谢罪，自请将此事交付法司调查。高祖仍然怒气不止，正在此时有司上奏突厥入侵，高祖这才换了脸色，安慰勉励李世民，让他重新戴好帽子，和他商量突厥的事。闰月己未日，下诏让李世民、李元吉带兵出豳州抵御突厥，高祖在兰池为他们饯行。每每有战事，高祖就让李世民出征；事平之后，对李世民的猜忌就更加厉害。

原 文

（武德九年）秦王世民既与太子建成、齐王元吉有隙，以洛阳形胜之地①，恐一朝有变，欲出保之。乃以行台工部尚书温大雅镇洛阳，遣秦府车骑将军荥阳张亮将左右王保等千余人之洛阳，阴结纳山东豪杰以俟变，多出金帛，恣其所用②。元吉告亮谋不轨，下吏考验。亮终无言，乃释之，使还洛阳。

注 释

①形胜：地理位置优越，地势险要。

②恣：放纵，任凭，无拘束。

译 文

武德九年（626年），秦王李世民因为和太子李建成、齐王李元吉已经有了嫌隙，想到洛阳地形险要，担心将来有一天发生变故，所以想镇守洛阳以求自保。于是就以行台工部尚书温大雅去镇守洛阳，派秦府车骑将军荥阳张亮率左右王保等千余人到洛阳去，暗中结纳山东豪杰以作准备，取出大量财物，由他们任意使用。元吉告发张亮图谋不轨，于是抓了他交付法司审讯。张亮最终什么也不说，只得释放他，让他返回洛阳。

原文

建成夜召世民，饮酒而鸩之。世民暴心痛①，吐血数升，淮安王神通扶之还西宫②。上幸西宫，问世民疾，敕建成曰："秦王素不能饮，自今无得复夜饮！"因谓世民曰："首建大谋，削平海内，皆汝之功。吾欲立汝为嗣③，汝固辞；且建成年长，为嗣日久，吾不忍夺也。观汝兄弟似不相容，同处京邑，必有纷竞，当遣汝还行台④，居洛阳，自陕以东皆王之。仍命汝建天子旌旗，如汉梁孝王故事⑤。"世民涕泣，辞以不欲远离膝下。上曰："天下一家，东、西两都，道路甚迩⑥。吾思汝即往，毋烦悲也。"将行，建成、元吉相与谋曰："秦王若至洛阳，有土地甲兵，不可复制；不如留之长安，则一匹夫耳⑦，取之易矣。"乃密令数人上封事⑧，言"秦王左右闻往洛阳，无不喜跃，观其志趣，恐不复来"；又遣近幸之臣以利害说上。上意遂移，事复中止。

注释

①暴：突然而猛烈。

②淮安王神通：高祖李渊的堂弟。

③嗣：继承人。

④行台：台省在外者称行台。魏晋始有之，为出征时随其所驻之地设立的代表中央的政务机构。北朝后期，称尚书大行台，设置

官属无异于中央，自成行政系统。唐贞观以后渐废。

⑤汉梁孝王故事：汉梁孝王是汉景帝的同母弟，准许他建天子旌旗。

⑥迩：近。

⑦匹夫：泛指寻常的个人。

⑧封事：密封的奏章。

译 文

李建成夜召李世民，请他饮酒，借机在酒中下毒。酒后，李世民忽然心痛，吐血数升，淮安王李神通扶他回西宫。高祖到西宫探望李世民，问了他病情，下诏书给李建成说："秦王向来不能饮酒，以后再不要夜饮了。"对李世民说："首倡起兵的大事，平定海内，都是你的功劳。我想立你为太子，你坚持不肯；况且建成年长，又做了很长时间太子，我不忍心废黜他的储位。看你们兄弟似乎互不相容，一起待在京邑长安必定会有纷争，我派你回行台，驻于洛阳，陕州以东都奉你号令。让你建天子旌旗，如汉梁孝王旧例。"李世民流泪哭泣，推说不愿远离高祖膝下。高祖说："天下一家，西京和东都离得很近，我想念你了就去看你，不必为此难过。"秦王快要出发，李建成、李元吉商议："秦王如果到了洛阳，有土地有军队，就无法再控制了；不如把他留在长安，那样他不过是个寻常人，制服他也容易。"于是他们秘密地让几个人密奏皇帝，说"秦王左右听说往洛阳，无不欢喜雀跃，看来他们的野心很大，恐怕一去之后就不会再回来"；又派皇帝亲近宠信的大臣以利害关系劝说高祖。高祖的想法改变了，秦王去洛阳的事就被中止。

原文

建成、元吉与后宫日夜谮诉世民于上，上信之，将罪世民。陈叔达谏曰："秦王有大功于天下，不可黜也。且性刚烈，若加挫抑，恐不胜忧愤，或有不测之疾，陛下悔之何及！"上乃止。元吉密请杀秦王，上曰："彼有定天下之功，罪状未著，何以为辞！"元吉曰："秦王初平东都，顾望①不还，散钱帛以树私恩，又违敕命，非反而何？但应速杀，何患无辞？"上不应。

注释

①顾望：观望。

译文

李建成、李元吉和后宫嫔妃日夜在高祖面前讲李世民的坏话，高祖渐渐相信了，准备治李世民的罪。陈叔达劝谏说："秦王有大功于天下，不可废黜。而且他性情刚烈，如果加以压抑挫折，恐怕他承受不了这样的愤怒忧伤，可能会出意外，到那时陛下就后悔莫及了。"高祖也就不再追究。李元吉秘密地向高祖奏请杀秦王，高祖说："秦王有定天下之功，罪状并未显现，用什么理由杀他呢？"李元吉说："秦王刚刚平定东都的时候，迁延观望不回长安，广施财物收买人心，又违抗父皇的诏命，这不是造反又是什么？就应该立刻处死，哪还用得着担心没有理由？"高祖不肯答应。

秦府僚属皆忧惧不知所出。行台考功郎中房玄龄谓比部郎中长孙无忌曰①："今嫌隙已成，一旦祸机窃发，岂惟府朝涂地②，乃实社稷之忧，莫若劝王行周公之事以安家国③。存亡之机，间不容发④，正在今日！"无忌曰："吾怀此久矣，不敢发口；今吾子所言，正合吾心，谨当白之。"乃入言世民。世民召玄龄谋之，玄龄曰："大王功盖天地，当承大业；今日忧危，乃天赞也，愿大王勿疑！"乃与府属杜如晦共劝世民诛建成、元吉⑤。

注释

①行台考功郎中：秦府属官，吏部官员，掌官员考核事宜。房玄龄：唐代初年名相。比部郎中：刑部所属四司之一的比部司官，掌稽核簿籍。长孙无忌：先世为鲜卑拓跋氏，后改为长孙氏。唐太宗李世民的内兄，文德顺圣皇后的哥哥。

②涂地：彻底败坏而不可收拾。

③周公之事：西周时，成王年幼，辅政的周公旦诛杀叛乱的管叔、蔡叔等诸侯，安定天下。

④间不容发：中间容不下一根头发。比喻与灾祸相距极近，情势极其危急。

⑤杜如晦：出身于西北望族，唐初名相。

译文

秦府官员都担心害怕，不知如何是好。行台考功郎中房玄龄对比部郎中长孙无忌说："如今秦王和太子的嫌隙已成，一旦事情发作起来，不止是王府和朝廷受到损害，实在也是国家的祸患，不如劝秦王效法周公诛管、蔡之事以安定皇室和国家。如今正是存亡之际，间不容发，机会就在今日了。"长孙无忌说："我早就有这样的想法了，只是不敢说出来；如今您所说的话正合我的心意，我一定去和秦王说。"于是他就向秦王进言。李世民召房玄龄共同商议，房玄龄说："大王功盖天地，应当继承大业。如今局势危急，正是上天帮助我们，希望您不要犹豫。"就和府属杜如晦共同劝李世民诛李建成、李元吉。

原文

建成、元吉以秦府多骁将，欲诱之使为己用，密以金银器一车赠左二副护军尉迟敬德①，并以书招之曰："愿迂长者之眷，以敦布衣之交。"敬德辞曰："敬德，蓬户瓮牖之人②，遭隋末乱离，久沦逆地③，罪不容诛。秦王赐以更生之恩，今又策名藩邸，唯当杀身以为报；于殿下无功，不敢谬当重赐。若私交殿下，乃是贰心。徇利忘忠④，殿下亦何所用！"建成怒，遂与之绝。敬德以告世民，世民曰："公心如山岳，虽积金至斗，知公不移。相遗但受，何所嫌也！且得以知其阴计，岂非良策！不然，祸将及公。"既而元吉使壮士夜刺敬德，敬德知之，洞开重门，安卧不动，刺客屡至其庭，终不敢入。元吉乃谮敬德于上，下诏狱讯治，将杀之。世民固请，得免。又谮左一马军总管程知节⑤，出为康州刺史⑥。知节谓世民曰："大王股肱羽翼尽矣⑦，身何能久！知节以死不去，愿早决计。"又以金帛诱右二护军段志玄，志玄不从。建成谓元吉曰："秦府智略之士，可惮者独房玄龄、杜如晦耳。"皆谮之于上而逐之。

注释

①左二副护军：和下文的左一马军总管、右二护军等相似，都是唐初王府的武职官员。尉迟敬德：唐初著名大将。

②蓬户瓮牖：指贫穷人家。蓬户，用蓬草编成的门户。瓮牖，用破瓮做的窗户。

③久沦逆地：指尉迟敬德在降唐之前曾经跟随刘武周。

④徇利忘忠：即见利忘义。

⑤程知节：唐初名将。

⑥康州：今甘肃省成县。

⑦股肱：比喻左右辅助得力的人。

译文

李建成、李元吉认为秦府有很多骁勇善战的将领，想要收买过来以为己用，于是就私下里将一车金银器送给左二副护军尉迟敬德，并且写信以招揽："我希望得到您的顾念，建立起我们之间诚恳的布衣友谊。"尉迟敬德辞谢道："敬德出身贫苦，遭逢隋末乱世，一直沦落在叛逆的境地，罪不容诛。秦王赐予我重生的恩德，如今又成为秦王府的属下，只能杀身以报秦王的知遇之恩。敬德没有为殿下立过什么功劳，不敢谬当厚赐。如果私下和殿下结交，就是有贰心的臣子。为了追求利益把忠心抛到脑后，这样的人对殿下又有什么用呢？"李建成发怒，不再和他结交。尉迟敬德把此事告诉李世民，李世民说："您的心意山岳般坚定，我深知即使成斗的黄金放在眼前您也不会动摇的。如果太子再送礼物，您就收下好了，不必有所顾虑。这样还可以知道他们的阴谋，岂不是好计策？不然的话，您可能会惹祸上身。"不久李元吉派壮士夜里行刺尉迟敬德，尉迟敬德知道了，将重重门户都大开着，安卧不动，刺客数次到他的庭院里，但终究还是不敢进去。李元吉就在高祖面前诬陷尉迟敬德，皇帝将尉迟敬德下诏狱审讯拷打，想要处死他。李世民一直为他求情，尉迟敬德得以幸免。李元吉又诬陷左一马军总管程知节，高祖将他外放为康州刺史。程知节对李世民说："大王左右得力的人都被调走，您自己的安全就不能长久了。知节宁死不去，希望您早早定计。"太子他们又用财货引诱右二护军段志玄，段志玄不肯。李建成对李元吉说："秦府有谋略之士，可忌惮的只有房玄龄、杜如晦而已。"便在高祖面前说他们的坏话，让高祖把他们赶走。

原文

会突厥郁射设将数万骑屯河南①，入塞，围乌城②。建成荐元吉代世民督诸军北征，上从之，命元吉督右武卫大将军李艺、天纪将军张瑾等救乌城。元吉请尉迟敬德、程知节、段志玄及秦府右三统军秦叔宝等与之偕行，简阅秦王帐下精锐之士以益元吉军。率更丞王晊密告世民曰③："太子语齐王：'今汝得秦王骁将精兵，拥数万之众，吾与秦王饯汝于昆明池，使壮士拉杀之于幕下，奏云暴卒，主上宜无不信。吾当使人进说，令授吾国事。敬德等既入汝手，宜悉坑之，孰敢不服！'"世民以晖言告长孙无忌等，无忌等劝世民先事图之。世民叹曰："骨肉相残，古今大恶。吾诚知祸在朝夕，欲俟其发，然后以义讨之，不亦可乎！"敬德曰："人情谁不爱其死！今众人以死奉王，乃天授也。祸机垂发，而王犹晏然不以为忧④，大王纵自轻，如宗庙社稷何！大王不用敬德之言，敬德将窜身草泽⑤，不能留居大王左右，交手受戮也⑥！"无忌曰："不从敬德之言，事今败矣。敬德等必不为王有，无忌亦当相随而去，不能复事大王矣！"世民曰："吾所言亦未可全弃，公更图之。"敬德曰："王今处事有疑，非智也；临难不决，非勇也。且大王素所畜养勇士八百余人，在外者今已入宫，擐甲执兵⑦，事势已成，大王安得已乎！"

注释

①郁射设：阿史那郁射设，突厥将领。

②乌城：今陕西定边南。

③率更丞：官名，为太子属官，率更令下属。旺：音zhì。

④晏然：安定的样子。

⑤窜身：藏身。窜，躲藏。

⑥交手受戮：合着双手等别人来杀自己。

⑦擐甲：穿上甲胄，贯甲。执兵：手执武器。

译　文

　　此时正好突厥郁射设率领数万骑兵屯驻黄河以南，侵入边关，包围了乌城。李建成推荐李元吉代替李世民率军北征，高祖答应了，让李元吉带领右武卫大将军李艺、天纪将军张瑾等救援乌城。李元吉请求让尉迟敬德、程知节、段志玄及秦府右三统军秦叔宝等人和他共同出征，挑选秦王帐下精锐之士编入李元吉军中。率更丞王晊密告李世民："太子对齐王说：'如今你得到秦王手下的骁将精兵，率领数万之众，我和秦王在昆明池为你饯行，你派壮士在幕下勒杀世民，上奏说他猝死，陛下一定会相信。我会让人进言，请陛下将国事交给我。敬德等人既然到了你手中，你就全部处死他们，还有谁敢不服？'"李世民将王晊的话告诉了长孙无忌等人，长孙无忌等劝李世民先发制人。李世民叹息道："骨肉相残，是自古以来最大的恶行。我也知道早晚会有祸事，但一直想等他们先动了手，然后再用有负道义的罪名讨伐他们，这样不行么？"尉迟敬德说："人之情谁不爱惜生命？如今众人甘心冒着生命危险奉大王和太子一争高低，这是上天赐予大王的机会。祸患随时都会发生，而大王还安然不以为忧，大王即使不把自己的生命看得那么重要，那国家宗庙怎么办？如果大王不听敬德的话，敬德就将藏身于民间，不能再留在大王身边，合着双手等着别人来杀我。"长孙无忌说："不听敬德的话，必定败事。敬德等不会再跟随大王，无忌也会随之离开，不能再侍奉大王了。"李世民说："我所说的也并不是全无道理，各位再好好考虑一下。"尉迟敬德说："大王如今处事犹疑，这是不智；大难临头做不了决断，这是不勇。何况大王向来畜养的八百多勇士，在外面的也都已经入宫，穿上盔甲，手执兵器，对峙之势已成，大王想要就此罢休是绝无可能的。"

世民访之府僚，皆曰："齐王凶戾①，终不肯事其兄。比闻护军薛实尝谓齐王曰：'大王之名，合之成"唐"字，大王终主唐祀。'齐王喜曰：'但除秦王，取东宫如反掌耳。'彼与太子谋乱未成，已有取太子之心。乱心无厌②，何所不为！若使二人得志，恐天下非复唐有。以大王之贤，取二人如拾地芥耳③，奈何徇匹夫之节④，忘社稷之计乎？"世民犹未决，众曰："大王以舜为何如人？"曰："圣人也。"众曰："使舜浚井不出⑤，则为井中之泥；涂廪不下⑥，则为廪上之灰，安能泽被天下、法施后世乎！是以小杖则受，大杖则走⑦，盖所存者大故也。"世民命卜之，幕僚张公谨自外来，取龟投地，曰："卜以决疑；今事在不疑，尚何卜乎！卜而不吉，庸得已乎？"于是定计。

注 释

①戾：凶暴，猛烈。

②厌：满足。

③如拾地芥：比喻取之极易。

④徇：无原则地顺从。

⑤浚：疏通，挖深。文中所举的舜的例子都是关于他遭受父亲和弟弟迫害的事例。

⑥廪：米仓。

⑦小杖则受，大杖则走：儒家讲究孝道，父亲生气了要打人，儿子应该逆来顺受；但是如果父亲大怒，可能会致儿子于死地时，儿子就应该先行逃跑，以免真的被打死，陷父亲于不义不慈之地。

李世民向手下询问，都说："齐王凶暴，终究是不肯侍奉太子的。近来听说护军薛实曾经对齐王说：'大王之名，合之成"唐"字，大王最终还是要主持大唐祭祀的。'齐王大喜说：'只要除掉了秦王，再除东宫易如反掌。'他和太子共谋还未成功，已经有了夺取储位的心思。他的为乱之心没有满足停息的时候，什么事做不出来？如果太子和齐王得志，恐怕唐室未必能保有天下。以大王的贤明，收拾此二人如拣拾草芥一样容易，怎么能像寻常人那样拘泥小节，而忘记了社稷大计呢？"李世民犹豫未决，众人说："大王认为舜是什么样的人？"李世民说："是圣人。"众人说："如果舜挖井的时候没能逃出来，就成为井中之泥；粉刷仓库的时候没能下来，就成为仓库上面的灰尘，怎么还能泽被天下、法施后世呢？因此所谓小杖则受，大杖则走，是因为还有更加重要的事需要大王去做啊。"李世民让人占卜一下这样做是否顺利，幕僚张公谨从外面进来，拿起占卜用的龟甲扔到地上，说："占卜是有疑问的时候用来作决定的，如今的事根本没有犹疑的余地，还占卜什么呢？如果占卜得到的是不吉的结果，难道可以就此罢休么？"

于是秦王作了决定。

世民令无忌密召房玄龄等，曰："敕旨不听复事王，今若私谒，必坐死，不敢奉教。"世民怒，谓敬德曰："玄龄、如晦岂叛我邪？"取所佩刀授敬德曰："公往观之，若无来心，可断其首以来。"敬德往，与无忌共谕之曰："王已决计，公宜速入共谋之。吾属四人，不可群行道中。"乃令玄龄、如晦著①道士服，与无忌俱入，敬德自他道亦至。

①著：同"着"，穿。

李世民派长孙无忌密召房玄龄等人，他们说："诏书说不让我们再侍奉秦王，如今要是私下谒见，一定会被处死，所以不敢奉大王的命令。"李世民发怒，对尉迟敬德说："玄龄、如晦难道也要背叛我么？"取所佩刀交给尉迟敬德说："您去看一看，如果他们真的没有来见我的意思，就砍下他们的首级来见我。"尉迟敬德和长孙无忌一起前往去见房玄龄等人，告诉他们说："大王已经决定要动手了，各位应该尽快入府商议。我们四人不能在路上一起走。"让房玄龄、杜如晦穿着道士的衣服，和长孙无忌一起进入秦王府，尉迟敬德则从另一路返回。

原文

己未，太白复经天。傅奕密奏："太白见秦分，秦王当有天下。"上以其状授世民。于是世民密奏建成、元吉淫乱后宫，且曰："臣于兄弟无丝毫负，今欲杀臣，似为世充、建德报仇①。臣今枉死，永违君亲，魂归地下，实耻见诸贼！"上省之②，愕然③，报曰："明当鞫问④，汝宜早参。"

注释

①世充、建德：王世充、窦建德，都是唐朝建立时的对手，为李世民所平定。

②省：知觉。

③愕然：形容吃惊。

④鞫问：审讯。

译文

己未日，太白星又出现了。傅奕密奏："太白星在秦地上空出现，秦王将会得天下。"高祖把这件事告诉了李世民。于是李世民密奏李建成、李元吉淫乱后宫，并且说："儿臣于兄弟之间并没有丝毫做得不对的地方，如今他们想要杀死儿臣，好像是为王世充、窦建德报仇一样。儿臣要是枉死，永别陛下和亲人，魂归地下，也羞于见到经我手除灭的诸贼。"高祖有所醒悟，很吃惊，答复道："明天我会审问此事，你要早点进见。"

原　文

庚申，世民帅长孙无忌等人，伏兵于玄武门。张婕妤窃知世民表意，驰语建成。建成召元吉谋之，元吉曰："宜勒宫府兵①，托疾不朝，以观形势。"建成曰："兵备已严，当与弟入参，自问消息。"乃俱入，趣玄武门。上时已召裴寂、萧瑀、陈叔达等②，欲按其事。

注　释

①勒：统率，率领。

②瑀：音 yǔ。

译　文

庚申日，李世民率长孙无忌等人进宫，在玄武门埋伏好士兵。张婕妤私下里得知李世民的意图，派人驰告李建成。李建成召李元吉商议，李元吉说："应该率领宫府兵，称病不朝，看看形势再说。"李建成说："我们的兵备已经很严密了，还是应该和你一同入朝，亲自去探听一下消息。"于是二人一起入宫，前往玄武门。高祖当时已经召裴寂、萧瑀、陈叔达等人入宫，想要查问其事。

原　文

建成子安陆王承道、河东王承德、武安王承训、汝南王承明、钜鹿王承义，元吉子梁郡王承业、渔阳王承鸾、普安王承奖、江夏王承裕、义阳王承度，皆坐诛，仍绝属籍。

译 文

李建成的儿子安陆王李承道、河东王李承德、武安王李承训、汝南王李承明、钜鹿王李承义，李元吉子梁郡王李承业、渔阳王李承鸾、普安王李承奖、江夏王李承裕、义阳王李承度，都因为受到牵连而被杀，被革除宗室的身份。

原 文

初，建成许元吉以正位之后，立为太弟，故元吉为之尽死。诸将欲尽诛建成、元吉左右百余人，籍没其家①，尉迟敬德固争曰："罪在二凶，既伏其诛；若及支党，非所以求安也。"乃止。是日，下诏赦天下。凶逆之罪，止于建成、元吉，自余党与，一无所问。其僧、尼、道士、女冠并宜依旧。国家庶事，皆取秦王处分。

注 释

①籍没：登记并没收家产。

译 文

原先李建成答应李元吉，自己即位之后，立他为皇太弟，因此李元吉为之效死力。秦王诸将想要将李建成、李元吉手下百余人全部杀掉，查抄家产，尉迟敬德坚持说："这只是他们两个人的罪，如今已经伏诛；如果牵连过广，就不是殿下求安定天下的本愿了。"秦王接受了他的建议不再追究。当天下诏大赦天下。表示凶逆之罪，止于李建成、李元吉，其余党羽一概不问。那些僧、尼、道士、女冠如旧。国家大事都由秦王处分。

少年读资治通鉴

原文

癸亥，立世民为皇太子。又诏："自今军国庶事，无大小悉委太子处决，然后闻奏。"

译文

癸亥日，高祖立李世民为皇太子。又下诏说："自今以后军国事务无论大小都交给太子处决，然后上奏。"

原文

臣光曰：立嫡以长，礼之正也。然高祖所以有天下，皆太宗之功；隐太子以庸劣居其右，地嫌势逼，必不相容。向使高祖有文王之明，隐太子有泰伯之贤①，太宗有子臧之节⑦，则乱何自而生矣！既不能然，太宗始欲俟其先发，然后应之，如此，则事非获已，犹为愈也。既而为群下所迫，遂至蹀血禁门③，推刃同气，贻讥千古，惜哉！夫创业垂统之君，子孙之所仪刑也④，彼中、明、肃、代之传继⑤，得非有所指拟以为口实乎！

注释

①隐太子：李建成，谥"隐"。泰伯：周太王长子，让位于其弟。

②子臧：子臧贤能，曹国人想拥立他为君，取代无德的曹王，子臧拒绝并离开曹国。

③蹀血：同"喋血"，血流遍地。

152

④仪刑：效法，为法，做楷模。

⑤中、明、肃、代之传继：这几任皇帝即位之际都发生过武装政变。

纪

译 文

　　臣司马光说：立嫡长是礼法的正道。但是高祖之所以拥有天下，都是倚仗了太宗的功勋；李建成天资平庸，即使身在储位，也是居于尴尬的境地，又被秦王的功劳名望所笼罩，必定互不相容。如果高祖有周文王那样的英明，隐太子有泰伯那样的贤德，太宗有子臧那样的节操，叛乱怎么还会发生呢？既然不能像这样，那么太宗开始的时候想等对手先行动手，然后应敌，这样的话还可以说是迫不得已。结果秦王被群下所迫，终于喋血玄武门，手刃兄弟，引起后世人的嘲笑，多么可惜啊！开创基业的君主是子孙后代效仿的楷模，后来中宗、玄宗、肃宗、代宗传承之际的情形，不是都以玄武门之变做借口么？